中国学校教育探索丛书

系派教育管理名家系列

# 教育的底色

黄铁成　著

北京师范大学出版集团

BEIJING NORMAL UNIVERSITY PUBLISHING GROUP

北京师范大学出版社

**图书在版编目(CIP)数据**

教育的底色/黄铁成著．—北京：北京师范大学出版社，2022.8

ISBN 978-7-303-27815-2

Ⅰ．①教… Ⅱ．①黄… Ⅲ．①基础教育－研究 Ⅳ．①G63

中国版本图书馆 CIP 数据核字(2022)第 030293 号

北京师范大学出版社教师教育分社微信公众号 京师教师教育

JIAOYU DE DISE

出版发行：北京师范大学出版社 www.bnupg.com
　　　　　北京市西城区新街口外大街 12-3 号
　　　　　邮政编码：100088
印　　刷：天津旭非印刷有限公司
经　　销：全国新华书店
开　　本：710 mm×1000 mm　1/16
印　　张：13.5
字　　数：222 千字
版　　次：2022 年 8 月第 1 版
印　　次：2022 年 8 月第 1 次印刷
定　　价：56.00 元

策划编辑：冯谦益　　　　责任编辑：冯　倩　王贺萌
美术编辑：李向昕　　　　装帧设计：李向昕
责任校对：康　悦　　　　责任印制：马　洁

# 丛书编委会

主　任：苏泽庭

副主任：徐文姬　陈如平　柳国梁

委　员：（按姓氏笔画排名）

马　兰　王晶晶　石伟平　朱永祥

刘占兰　李　丽　沙培宁　张新平

林小云　赵建华　袁玲俊　耿　申

戚业国　彭　钢　蓝　维

# 序　一

　　"教育兴则国兴，教育强则国强。"实现中华民族伟大复兴的中国梦，归根到底是靠人才、靠教育，必须把教育事业放在优先位置。党的十九大报告提出的"建设教育强国"，主要方向是走中国特色社会主义教育发展道路。习近平总书记在 2018 年全国教育大会上明确提出"坚持扎根中国大地办教育"。中国的教育应根植于中华文明，守住中华优秀传统文化的根与魂，讲好中国教育故事，创生中国特色理论，为人类贡献中国智慧和中国方案。

　　宁波简称"甬"，位于长江三角洲南翼，是我国东南沿海的重要港口城市和历史文化名城。宁波教育源远流长，长盛不衰。唐建州学，宋设县学，人文荟萃，贤才辈出。在河姆渡文化的孕育下，宁波先后出现了一批又一批有影响力的教育思想家，如宋元时期的高闶、王应麟等，明清时期的王阳明、钱德洪、徐爱、方孝孺、朱之瑜、黄宗羲等，民国时期的陈训正、张雪门、杨贤江等。这些先贤都为宁波的教育做出了不朽贡献，在中国的教育发展史上发挥了重要作用，是甬派教育家的典型代表。

　　改革开放以来，宁波市的基础教育实现了跨越式发展。宁波教育本着"以人民为中心"的宗旨，全力"办人民满意的教育"。人民满意的教育是优质公平的教育，是"办好每一所学校""教好每一个学生"的教育。谁来办好每一所学校呢？除了政府提供必要的条件外，"教师是立教之本、兴教之源"。那么，靠谁把广大教师组织起来呢？靠校长。有一位好校长，才有一所好学校。宁波基础教育高水平优质发展的伟大实践，亟需一批"教育家型"的优秀校长。正是基于这种思路，从 2009 年开始，宁波市就启动了"甬派教育管理名家培养工程"，2017 年 3 月启动了第二期工程。

　　一项人才培养工程能够持续开展十余年，并持续发挥重要作用，这本身就值得研究。长期以来，宁波市一直重视中小学校长和幼儿园园长队伍的建设，注重校（园）长成长规律和培训规律的研究，凭借宁波人"敢为人先"的创新精神，开创性地提出了教育干部培训的宁波模式和宁波经验，形成了"新任校长—合格校长—骨干校长—名校长—教育管理名家"的"五段三分双导"校长培养的完整体系。"甬派教育管理名家培养工程"是宁波市教育干部培训"金字塔型"培养体系的塔尖，代表了宁波市教育干部培训工作的新高度，已经成为宁波市教育干部培训的新品牌。第二期"甬派教育管理名家培养工程"采用"双导师制"，聘请国内著名教育专家为理论导师，聘请全国有影响力的著名校长为实践导师，采用课题研究与经验提炼相结合的方式，来进行三年学习、两年展示的为期五年的培训，进而培养出教育管理的领军人物。这次出版的"甬派教育管理名家系列"丛书就是第二期培养对象经过三年学习，在名家的指导下，对自我教育实践进行提炼和提升的成果。

丛书的出版，虽然有种"立此存照"的意思，但更重要的是为了提供一种"本土经验"、"本土智慧"和"本土创造"。本系列丛书，有的是对办学实践的经验反思，有的是对办学主张的提炼梳理，有的是对办学理想的叙说表达……这些教育经验、教育主张、教育信念和教育理论，共同组成了新时代"甬派教育管理名家"的教育思想。细细品味丛书，我们可以清晰地感受到这批"甬派教育管理名家"办学思想背后的文化底蕴。

"知行合一，就是要行必务实。"本系列丛书的每一位作者都是宁波校长队伍中的优秀代表，他们的成长都建立在成功办学的基础上。每一本专著背后，都有一所或几所优质学校做后盾。从每一位校长的成长历程中，我们可以清晰地看到，"知行合一"已经成为他们共同遵循的基本观念。他们强调做实事、务实功、求实效，确保定下的每一件事能做到、能做好。他们强调"经世致用"学风，勇于任事，致力创新。本系列丛书记录了他们从理论到实践的行进方式，体现了"实践、认识、再实践、再认识"的实践论观点。

"知难而进，就是要行不懈怠。"本系列丛书在编写和出版过程中遇到的困难是显而易见的。从出版的数量上看，一项工程要出版 20 本专著，这在宁波市教育干部培训历史上是前所未有的。本系列丛书出版的组织者——宁波教育学院，坚持志不求易、事不避难，这种担当精神令人敬佩。从出版的质量上看，作为专著的作者，各位校长要从忙碌的日常管理工作中抽出时间是一件十分不易的事，而且在写作过程中还会遇到各种问题，这些对他们来说都是很大的挑战。但是，他们敢于直面挑战，勇于解决问题,把不可能变成了可能。因此,本系列丛书的成功出版,是各方知难而进、共同奋斗的结果。

"知书达理,就是要行而优雅。"有着 400 多年历史的天一阁,是中国现存较早的私家藏书楼,也是亚洲现有较为古老的图书馆和世界最早的三大家庭图书馆之一。它使人们真切感受到书香宁波的特有气质。本系列丛书的出版既是对这种城市魅力的共建,又是对流淌在宁波教育人身上的"书卷气"的共识。从一期工程的《我的教育思想》到这次二期工程的系列丛书的出版,反映了宁波教育人注重内涵发展、崇尚理性思想、爱好著书立说的优雅旨趣。翻开丛书,我们从字里行间都能感受到各位校长在办学过程中体现出来的崇文重教、崇德向善的教育思想和知书达理、彬彬有礼的人格魅力。

"知恩图报,就是要行路思源。"宁波人懂感恩、会感恩,本系列丛书的出版也是一种感恩回报。在工程的实施过程中,他们有幸得到了全国著名教育专家的指导;他们感恩各位导师的辛勤付出,珍惜与导师的深厚情谊。本系列丛书的出版是他们对导师最好的回报。他们有幸遇到了北京师范大学出版社,敬业勤勉的编辑老师的专业指导助推了丛书的顺利出版。他们感恩党和政府,正是在党的正确领导下,才实现了他们的个人价值。他们感恩教育本身,蓬勃发展的教育事业为他们提供了研究教育、施展才华和专业成长的沃土。本系列丛书的出版,必将对宁波教育的发展发挥重要作用。他们感恩所有关心、支持和帮助过他们的人,本系列丛书正是他们抒发这种感恩之情的载体。书中提到的每件事、每个人,其背后都是浓浓的感恩之情。

总之,"甬派教育管理名家系列"丛书的出版是宁波教育史上的一件大事,是宁波教育向中国共产党成立 100 周年的献礼之作,必将对宁波教育努力率先高水平实现教育现代化的新时代总目标发挥重要作用。

苏泽庭

2020 年 8 月

# 序 二

　　2017 年 3 月，宁波市第二期"甬派教育管理名家培养工程"启动，29 位宁波市知名校长入围受训。此工程是宁波市加强校长队伍建设的创新之举，也是宁波市校长培训工作的顶端品牌，旨在落实"教育家办学"理念，通过培养一批"更加专业""更加卓越"的"本土教育家"校长，来领导宁波教育的创新发展。我受宁波市教育局、宁波教育学院、宁波市教育行政干部培训中心的委托，全权代邀 10 位国内著名的专家学者组成了一个专业的导师组，并被任命为组长。三年多来，经过面试面授、外出游学、著书立说、登台报告等环环相扣的程序，"甬派教育管理名家培养工程"已完成大部分的目标和任务，进入了最后的收官阶段。

　　回首当初，宁波市教育局、宁波教育学院、宁波市教育行政干部培训中心和导师组就此工程提出了"五个一"的目标，即申报立项一个课题，在核心期刊上发表一篇学术论文，每年外出短期游学拜师一次，撰写一部教育管理专著，举办一次办学思想研讨会。其中，最为重头也是最硬气的，就是要求第二期教育管理名家培养对象人人完成一部专著，即基于办学实际和对教育内涵、教育教学管理具体工作、办学育人规律的认识，对教育问题进行思考并总结行之有效的经验做法，通过思考、梳理、总结、提炼，集结成册，最后形成一本专著。令人欣慰的是，在宁波市教育局、宁波教育学院、宁波市教育行政干部培训中心的领导下，在导师组的精心指导下，29 位培养对象中，除却 3 人因工作调动不再担任校长外，有多位校长最终提交了书稿，编写成"甬派教育管理名家系列"丛书，由北京师范大学出版社正式出版，成为"甬派教育管理名家培养工程"的标志性成果。

　　30 多年来，我始终关注学校的发展问题，特别是"校长"这个学校发展的关键性和决定性因素。俗话说得好，"火车跑得快，全凭车头带"。从某种意义上说，校长的素质决定学校的发展，没有高素质的校长，就不可能有学校的可持续发展。近年来，大量的学校实践案例和校长实践经验，让我对"一位好校长就是一所好学校"这一信条深信不疑。这一点已在第二期"甬派教育管理名家培养工程"的培养对象办学以及他们各自的专著中体现出来。2020年9月15日，教育部等八部门印发了《关于进一步激发中小学办学活力的若干意见》(以下简称《意见》)，明确提出注重选优配强校长，努力造就一支政治过硬、品德高尚、业务精湛、治校有方的高素质专业化校长队伍。这是激发办学活力的关键性因素。《意见》不仅增强了实施"甬派教育管理名家培养工程"的信心和决心，也对中小学校长的培养与选配提出了新的要求。

关于校长的素质特征、能力表现等，我结合近年来自己的研究，认为现在衡量和评判校长水平高低的重要标准或指标有了变化，除了显性的办学成就和管理水平外，还要看他教育思想的整体性、系统性和集成性，看他办学思路的完整性、清晰性和流畅性，看他育人成果的全面性、发展性和创新性。这些标准或指标，以往可以体现在学校章程、发展规划、年终总结或述职报告等载体中，如今必须通过系统思考、全面梳理和总结提炼，形成办学育人的规律性认识以及体系化建构，最终集合成综合性论文或学术专著来展示。这也是我们在第二期"甬派教育管理名家培养工程"中如此重视和强调著书立说的原因。

鼓励和引领校长去著书立说，在实际操作时容易走向功利化境地，对此社会上和教育界出现了不少反对的声音。尽管我也特别反对教育中各种功利化的做法，如校长为出书而出书，但我还是会建议校长随时对自己的办学思路、行为及其结果进行思考、总结、梳理和提炼。这既是校长的基本功和校长专业发展的必修课，也是加强校长队伍建设的重要任务。那么，如何做好这一项工作？在此，我用教育管理名家的"名"字做些发挥，谈谈自己的三点体会，同时也表明我对"甬派教育管理名家培养工程"的认识、态度和立场。

第一，要弄清楚因何而"名"。所谓"名"，是指知名、著名。校长有名，实指校长声望高、有影响力。在现实中，名校长包括两层含义：一是名校的校长，二是知名或著名的校长。二者往往又是可以转化的。校长先担任名校的校长，再在办学上有所作为和贡献，使自己成为知名或著名的校长；也可以是知名或著名的校长执掌一所学校，把学校办成名校，使自己成为名校的校长。学术界给出了很多关于名校长的定义和主要特征，但从总体上看不外乎三个方面：一是办学成功，二是思想定型，三是影响力大。"甬派教育管理名家培养工程"的培养对象都或多或少地具备这三个方面的特征。

我一直认为，名校长是一个发展性的概念。任何事物的发展都是由量变到质变的过程。一位校长的成功与成名也是一个积累和发展的过程。任何一位名校长，都是其办学思想和办学业绩得到广泛认可后才逐渐成名的。教育行政部门对名校长的认定只是一种形式。从根本上讲，名校长不是自封的，也不是任命的，而是社会公认的。名校长在被教育行政部门认定之前就已经在教育界和社会上具有一定的名望。名校长的"名"应是一种社会影响和社会认可。引导和鼓励校长成为名校长，可以使校长有更高的追求和境界，从而把学校办得更好。

第二，名校长要擅长"明"。一位优秀的校长必须有独具特色的教育思想并身体力行。苏霍姆林斯基根据自己多年从事校长工作的实践经验，提出领导学校，首先是教育思想的领导，其次才是行政上的领导。这是一个十分重要的观点，也是校长管理学校的客观规律。教育家是实践家，衡量教育家的首要标准就是他们在教育实践工作中的成绩：或育才有方，或治校有方、成绩突出。名校长都是成功的校长，是治校有方、办学成绩突出的校长，理应被称为教育家。教育家要有自己的办学思想，甚至有的教育家还创立了新的教育理论。他们都必须亲身从事教育实践，把办学思想和新的教育理论用于教育实践并且取得显著的成效，否则就不能被称为教育家。这是所有想成为名家的校长必须懂得的道理。

"明"就是要明理。明理是读书人要达到一种通达慧明、明晓事理的境界。名校长要明以下三方面的理。一是教育之理，说的是教育的本质特征。《说文解字》对"教育"之理讲解得非常精辟："教，上所施下所效也""育，养子使作善也"。这两句话表明育人是教育的本质。二是办学之理。办学是有规律可循的。办学规律及其衍生出来的运行体系、体制和机制等，都是办学之理。三是育人之理。弄清楚"培养什么人"的问题，这是教育的首要问题，同时还要弄清楚"怎样培养人""为谁培养人"等问题。这三个问题构成育人的有机整体，不可分割，只有如此才能培育和造就全面发展的人。名校长还要善于捕捉代表时代发展和前进方向的新思想、新观念，善于用批判的眼光、理性的思维去分析教育的问题，对自我教育行为进行反思，不断深化对教育的规律性认识。

第三，名校长要善于"鸣"。鸣，就是发出声音。名校长要善于表达，善于发表自己的意见和主张，引导舆论，营造氛围。"千线万线，只有一个针眼穿。"千线万线指的是各种各样的政策、理论、理念和方法；这个针眼是指学校实践，任何政策、理论、理念和方法都要通过学校实践来落地实现。当下，名校长必须把以下问题的落实和解决作为己任，下足功夫，写好文章。一是全面贯彻党的教育方针，建立健全立德树人教育机制，大力发展素质教育，着力培养学生的社会责任感、创新精神和实践能力。二是深化教育教学改革，不断推进课程改革，优化教学方式，探索因材施教的路径、机制和策略，创建适合学生发展的教育体系。三是注重理论与实践的结合。校长要用科学的理论指导教育教学实践，要通过实践总结创造出新的科学理论，从而再用新的理论去指导新的实践，提高办学育人水平；同时，还要结合时代和教育的发展，不断融入新的元素，寻找新的增长点，实现发展目标。四是善于传播先进的教育思想理念，既能用自己先进的教育思想去影响教师和改造教师，促进教师教育观念和教学行为自觉地转变，又能科学引导家长和社会树立正确的教育观、育人观，努力营造良好的教育生态环境。

陈如平

2020 年 9 月

# 序 三

在与我相识的多位中小学校长当中，铁成君不仅因为他在而立之年就早早成了名校正职校长而让我佩服，更因为交往接触中他所展露的过人机智和出众才华而让我叹服。铁成君挚爱学习，在教育活动和管理工作中善于引经据典，让人感到他超群的记忆力和浓郁的文化气息。铁成君每天早上坚持五点起来，常年不懈地晨读、晨练，给人留下坚毅力行、身教为先的深刻印象。

铁成君是一位能思考、善提炼的校长，即将面世的《教育的底色》一书，就是他探索和总结办学治校问题的精心力作。该书展现了一位身处转型时代的学校领导者的教育智慧，表达了其对校长使命担当和角色扮演的独特思考，分享了他理性探讨基础教育领导与管理的真知灼见和务实构建"五育融合"的系列创新举措。该书的亮点很多，不少观点让人心生感悟。其中，在我看来，最具魅力也是该书最能扣住人心的，是他提出和阐发的"底色教育"概念及其实践。

铁成君从事小学教育已有二十多年，他每天忙碌工作而不觉得枯燥、辛苦，反而乐在其中，这是因为他能意识到小学教育的价值。用铁成君的话说就是，小学教育要"为学生的终身发展，打一点扎实的身心、学业基础，使学生养成一些终身受用的良好习惯"；"在学生生命成长的启蒙教育阶段，引导他们康强体魄、纯洁心灵，养成良好的习惯，打下美好的人生底色，是小学教育最重要的事"。这就是铁成君所构建和身体力行的"底色教育"。

这种底色教育，就我的理解来看，是一种"归根固本"的教育。何谓根？《道德经》上讲："夫物芸芸，各复归其根"；"重为轻根，静为躁君"。何谓本？《大学》中讲："物有本末，事有终始。"《论语》则言："君子务本，本立而道生。"所谓教育的"归根固本"，就是要在历史的长河中找到教育的承续点和在现实世界里确立为人行事的基本点。

这个"根"，就是中华民族的文化血脉渊源。这一文化血脉渊源，转换成铁成君所讲的底色教育之根，就是要努力做到如圣贤先哲所言的，着力培养学生"智、仁、勇"三大关键品行素养。《中庸》中讲："知、仁、勇三者，天下之达德也，所以行之者一也。或生而知之，或学而知之，或困而知之。及其知之，一也。或安而行之，或利而行之，或勉强而行之，及其成功，一也。"铁成君则说："人性皆善，而觉有先后，智仁勇三达德，蕴含在每个人的心中"；"底色教育，致力于开发学生内心本具的智仁勇大德"；"努力为学生的终身发展打下智仁勇的底色，这是底色教育的使命"；"实施底色教育的初心，是教育者的一颗仁爱之心。为学生的终身发展，打下智仁勇的人生底色，是实施底色教育的美好愿景"。而这个"本"，就是一切教育的基本，是构成教育的底色。铁成君说："底色教育，以学生的身心和学业为本，而身心又是学业之本。底色教育倡导从学生日常的饮食、起居习惯的养成起步，重视培养学生专注听课、学会反思、热爱劳动、坚持锻炼等基本的习惯和能力，'身心'这个根本抓牢了，其他能力的培养就有了基础。"铁成君坦言："如果教育只在学生成长的枝枝节节上努力，于他们的未来缺乏真实、可持续的意义，这样的工作容易让人觉得无趣。"

底色教育不只是接续历史的，更是扎根现实和面向未来的。如果说归根固本凸显了底色教育的历史维度，铁成君对于底色教育的"五育融合"整体构想，则彰显了底色教育的现实探索和未来情怀。

在本书中，铁成君从立德修身、智育要目、健体教育、审美启蒙、劳动教育五个方面，翔实阐释和探讨了底色教育的理念与相关实践。书中精彩观点纷呈叠出，不胜枚举。譬如，底色教育牵引下的德育深信，"每个人内心都有良知。只有关爱和理解，才能化解矛盾，温暖他人。对抗转化不了人心""相信每个学生内心本具的良知，坚持启发、激励、磨砺、引导，进步早晚会到来"。底色教育关照下的智育强调，"求知的目的是认识自己，认识世界，成就自己，造福他人，'成己'和'成物'是一体的""勤学不是外来的道德说教，而是一种由内而外的身心体验"。而"底色教育视野下的体育，主张从一举一动、一言一行中训练起。我和团队经过反复酝酿、讨论，制定《'行住坐卧'等姿势训练方案（讨论稿）》，坚持在做中学，学中改进，以此尝试提升师生的身心素养""底色教育视野下的美育观相信，每个人内心都有善的种子，对人包容宽厚、温柔敦厚，是每一个人应该修养的心性品质，也是美育的重点""学科美育融合，重点在于激发学生向善、向上的美好情感，养成崇学、上进的人格，提升学习的主动性、积极性与创造性"。底色教育主导下的劳动教育则重视践行、躬行和坚持，"劳动教育的价值需要在实践中体验、发现并深入""在劳动过程中，体验积极愉悦的情感，培植彼此之间真挚、温厚的情感，进而引发内心的责任感与自豪感；激发服务大众的热诚，激发利于大家服务社会的情感。这样的劳动教育，是智仁勇合一的教育。体验快乐，养成习惯，是小学劳动教育的重点"。

需指出的是，我在上面提出的这些看法，均属一孔之见、一己之感。读者们阅读本书，最终将会形成怎样的认识，这是不确定的。原因在于所有的认识和收获，并不是由所阅读的著作单向决定的。除了著作，读者也发挥着重要的作用。阅读，从本质上讲，是读者与著作及其作者构建一种多样变化关系的过程。从这个意义上说，写序人对一本书说得再多，将一本书说得再好，也无法代替读者本人在书中去寻找、体悟和感受。关于写作与读者的关系，社会建构论大家肯尼斯·J. 格根讲过一段意味深长的话。虽然这段文字较长，但是我在这里还是觉得有必要抄录下来予以分享。

我一边写作，一边想象着你们作为读者就坐在我的对面。我们像朋友一样交谈。这些语句能够产生多大的影响，取决于你们如何想象我。在下面的篇章中，你们将通过我曾在不同时间和空间与他人分享的关系脉络来了解我。你们可以随心所欲地处理这些文字，用于学习、娱乐、创造、想象，全盘接受或肆意批判。如果你们愿意将我想象成一个可以被你们的反馈意见教导的人，或许我们可以共同创建更加美好的前景。我的目的并不在于以某种所谓"正确的方式"说服你们、战胜你们或教育你们，你们才是最终赋予这些文字生命的人。如果我们之间能够建立成功的作者与读者关系，或许可以开辟出一条新的道路。正如我们可以相互联系，我们同样能够共创未来。

格根在这里所讲的主要是著作者如何写作的问题，而我在这里要谈的是读者如何去面对作者及其作品的问题。显然，它们之间虽然有关联但也存在不同。对于写序的我来说，要竭尽所能为读者与著作、读者与著作者之间搭起沟通的桥梁。

张新平

2021 年 5 月

# 目　录

CONTENTS

教育的底色

教育的底色

# 绪　论

## 教育的底色

人性皆善，而觉悟有先有后。智仁勇三达德，蕴含在每个人心中。底色教育，着眼于学生的终身发展，培养学生良好的学业习惯，致力于为学生打下智仁勇的生命底色。本章主要阐述何谓"底色教育"，德智体美劳五育融合的底色教育整体构想，以及实践底色教育过程中身心为本、身教为先、践行为要等原则，并探讨本与末、知与行、多与少、常与变的哲学关系。

从事基础教育工作二十余年，我不断叩问自己：每天忙碌工作，真正的意义到底是什么？有个声音越来越清晰，即为学生的终身发展，打下扎实的学业基础，使学生养成终身受用的良好习惯！

工作中，我常有这样的体验：因我的思考和实践，学生的内心逐渐温厚明亮，身体越发强壮有力，生活也因此"亮堂"了很多；反之，如果教育只在学生成长的枝枝节节上努力，于他们的未来缺乏真实、可持续的意义，这样的工作容易让人觉得无趣。

人性皆善，而觉有先后，智仁勇三达德，蕴含在每个人的心中。我认为，在学生生命成长的启蒙阶段，引导他们增强体魄、纯洁心灵，养成良好的习惯，打下美好的人生底色，是小学教育最重要的事。

## 一、何谓"教育的底色"

什么是"教育的底色"？这是基于当下教育实际，又关乎未来的问题。为此，我们不断叩问自己。

从时间维度看，哪类素养是贯穿学生一辈子的？不论他们年龄几何，我们都希望他们终身拥有的品质、能力或者知识是什么，这应该成为教育底色探讨的重要内容。

从素养结构看，什么素质是最基础或最关键的？不论学生接受什么教育，将来从事何种工作，选择哪种生活，我们都希望他们终身去涵养、一辈子去提高的素养有哪些，这也应该成为教育底色的关键要素。

从人生境遇看，哪些心性品质处于最核心位置？不论学生经历成功抑或失败，不论他们将来贫穷或者富有，我们都希望他们终身坚持磨砺并养成的美好品质是什么，乃至"造次必于是，颠沛必于是"，这理所当然应该成为教育底色的命题。

在我们看来，教育的底色，应该是孩子生命成长中最基础、最重要，也是终身需要坚持磨砺的教育内容：康强的体魄，纯洁美好的心灵，对人真挚温厚的情感，对事勤勤恳恳、精益求精的态度，未来学习、生活所需要的基础素养和基本习惯……

这是"教育的底色"应有之义。

## 二、为什么要讨论"教育的底色"

光明的志向、美好的心灵、康强的体魄等，是学习知识、提升能力的根本。我们从事基础教育，首先要考虑的，是"教育的目的到底是什么"这个问题。"培养什么样的人"是教育最根本的问题。

怎样为学生的终身发展奠定良好的基础？健康、纯洁、善良、温厚、上进等光明的品质，如何从学生心里不断开发出来？通过底色教育，为他们未来的学习、工作、生活打下良好的基石。"教育的底色"是教育最基础的命题。

未来的社会将会怎样？学生将面临怎样的挑战？面对纷繁复杂的现象，如何透过表象看本质，以底色教育的"常"，去应对世界的"变"？磨砺学生的心性，培养关键的品质，引导学生养成良好的学习、生活习惯，鼓励他们终身探索人生的意义。"教育的底色"是一个穿越时空的话题。

"教育的底色"致力于在基础教育实践中探求"教育的目的"这一根本问题。

## 三、小学底色教育的含义

高尚品德，人人本具。小学底色教育，致力于开发学生内心本具的智仁勇大德。孔子曰："知者不惑，仁者不忧，勇者不惧。"①罗素说："在我看来，将以下四种特征结合便可奠定理想品格的根基：即活力、勇敢、敏感以及智慧。"②在小学阶段，努力为学生的终身发展打下智仁勇底色，是底色教育的目的；塑造良好的身心，养成良好的学业习惯，是底色教育的基本内容。我坚信：诚实、善良、勤奋、勇敢、智慧等，这些高贵的品德，是每个人内心本具的，也是一个人终身发展的立足之本，更是人之所以为人的本性。每个人的成长环境不同，性格习气各异，但都可以在各自的基础上开发本具之明德。具体而言，坚持引导学生诚实做人、以诚待人、专注读书、明辨是非、孝敬父母、乐交贤友，进而逐步确立光明的志向；坚持培养学生食饮有节、起居有常、坚持锻炼、热爱劳动、勤勉学习、善于反思等好习惯，这些都是底色教育探索的重要内容。

小学底色教育从何处入手？从学生学习、生活中的一言一行、一饮一啄中入手，努力引导学生养成好习惯。习惯决定命运，培植真挚美好的情感，塑造良好的品行，开发蓬勃向上的生命力等，这一切都蕴含在终身坚持的好习惯中！蔡元培先生说："道德之本，固不在高远而在卑近也。自洒扫应对进退，以及其他一事一物一动一静之间，无非道德之所在。彼夫道德之标目，曰正义，曰勇往，曰勤勉，曰忍耐，要皆不外乎习惯耳。"③

推己及人，将心比心，是我践行底色教育的出发点。教育是致良知的事业。面对天真可爱的学生，回望自己的成长经历，我经常思考，如果再回到童年时代，哪些是生命中最应该养成的生活、学业习惯？从事教育工作多年，我经常换位思考，假如是我的孩子，我希望小学的教师会怎样教育他们？叶圣陶先生说："学校教育定出各种科目叫学生学习，只为帮助他们确定切合人生的人生观。"④"他们所必须的是以种种知识为基础，立于真实的人生观上的教育；便是'怎样做人'的教育。"⑤小学底色教育，围绕"怎样做人"展开。

---

① （宋）朱熹：《四书章句集注》，第 2 版，116 页，北京，中华书局，2012。

② ［英］伯特兰·罗素：《教育与美好生活》，杨汉麟译，36～37 页，石家庄，河北人民出版社，2001。

③ 蔡元培：《中国人的修养》，8 页，苏州，古吴轩出版社，2018。

④ 刘国正：《叶圣陶教育文集》，第二卷，14 页，北京，人民教育出版社，1994。

⑤ 刘国正：《叶圣陶教育文集》，第二卷，19 页，北京，人民教育出版社，1994。

实施底色教育的初心，是教育者的一颗仁爱之心。为学生的终身发展打下智仁勇的人生底色，是实施底色教育的美好愿景。

## 四、底色教育的整体构想

底色教育，秉承"五育并举、五育融合"的理念，整体构想如下。

德育。底色教育背景下的德育，以人人本具的良知为出发点，重在发扬光明的本性，祛除蒙昧的习气。改过迁善，是德育的重点。蔡元培先生说："幼稚之年，良心之作用，未尽发达，每不知何者为恶，而率尔行之，如残虐虫鸟之属是也。"[①]"然人苟知识未充，或情欲太盛，则良心之力，每为妄念所阻。盖常有行事之际，良心与妄念交战于中，或终为妄念所胜者，其或邪恶之行为，已成习惯，则非痛除妄念，其良心之力，且无自而伸焉。"[②]底色教育视野下的德育，从知、情、意、行多方面下功夫。我长期坚持"日记"教育，开展省身教育、义工课程，不断开发学生内心的良知。底色教育中的德育，以培养终身的学习、生活习惯为重点。美好的品德是在实践中习得的，是在长期坚持的良好习惯中养成的。我坚持鼓励学生逐步养成独立自主的习惯，提倡自己的事情自己做，在学校中坚持举办"自理擂台赛"和"生活劳动技能大赛"等活动，长期坚持惜物教育，注重培育学生内心对父母真挚、温厚的情感，逐步学习做家务，落实劳动教育。我和同事们坚持开展校长、教师"陪餐"活动，通过陪伴，教育学生在用餐过程中养成惜物、礼让、为他人服务等好习惯，最终开发的是学生的"德"（生命力）。我所在的学校多年坚持开展"小太阳义工"活动，选拔教师、学生和家长义工参与文明、卫生、教学、安全等多方位的志愿者服务活动。身心愉悦是在无私奉献中体验而得的，美好的品德是在坚持奉献中养成的。德育教育，从教育学生逐步走向独立做起，在惜物、劳动、孝敬、交友、义工奉献等实践中磨砺高尚的品格。

智育。智育之本在"诚敬"。"诚敬"是智育的核心。聪明睿智，都是从"诚敬"之德中生长出来的。养成专注、精勤、仔细等品质，是智育的重点内容。审视当下教育中的问题，不难发现，教师发自内心地热爱工作，爱学生，学生就容易感受到教育的真力量；学生对教师发自内心地

---

① 蔡元培：《中国人的修养》，85 页，苏州，古吴轩出版社，2018。
② 蔡元培：《中国人的修养》，85 页，苏州，古吴轩出版社，2018。

尊敬，就容易取得进步，反之亦然。亲其师方能信其道，没有爱就没有教育！陶行知先生说："以诚为训育之本，亦以诚为智育之本。盖诚合成己成物而言，故格物所以致知，即所以致诚。"①"盖明知识之本源，然后乃能取之无尽；明知识之归宿，然后乃能用之无穷。若徒以灌输知识为务，而不求所以得其源流，则枯寂之弊所不能免，又安能尽物之性哉？"②我认为，对学习的专注、对老师的尊敬、对知识的渴望、对问题的质疑精神等，比知识的获得更重要。因此，底色教育，从培养师生间温厚的情感起步，从培养学生预习、专注听课、学习做笔记、做好课前准备、学习整理资料等细小的习惯入手，努力使学生养成终身行之的习惯。习惯是人的第二天性！从具体实践来看，我长期倡导晨读经典，磨砺的是学生听、说、读、写等多方位的能力。我组织师生开展"玩创"教学，主张从学生生活、学习的实践出发，引导学生在种植校园植物、拆装各类废旧电器、解决垃圾分类困难、监控食堂噪声、称重餐厨垃圾、扫除厕所污垢等过程中，运用知识，解决问题。

体育。体育的本质，是通过强健身体而完善人格的修养。康强的精神，必蕴于康强的身体之中。蔡元培先生说："凡德道以修己为本，而修己之道，又以体育为本。"③顾拜旦说："从中世纪以来，身体素质与精神素质逐渐被割裂开来，身体素质遭到蔑视。现如今，身体素质服务于精神素质的观念已获认可。然而，前者仍被视为'奴隶'，日复一日，人们将其置于卑下的从属地位。""这是天大的错误，甚至可以说，由此引发的科学和社会后果，不堪设想。归根结底，先生们，人毕竟不能只分为身体和精神两部分，而应分为三部分——身体、精神和品质。品质并非由精神造就，而主要由身体练就。"④体育的意义，远远不止身体训练！其本质与整个人的发展融为一体。我和同事们依据身心规律，制定《行住坐卧标准及训练法》并逐步推行，目的在于通过坐立行走等训练，增强学生的体质，促进学生的人格发展。学校与医疗机构携手，长期开展"小太阳生命健康课程"，从小学生常见的身心问题入手，编制教学纲要，邀请医

① 陶行知：《陶行知全集》，第 1 卷，223 页，成都，四川教育出版社，2005。
② 陶行知：《陶行知全集》，第 1 卷，223 页，成都，四川教育出版社，2005。
③ 蔡元培：《中国人的修养》，5 页，苏州，古吴轩出版社，2018。
④ 国际皮埃尔·德·顾拜旦委员会：《奥林匹克主义——顾拜旦文选》，刘汉全、邹丽等译，52 页，北京，人民体育出版社，2008。

生义工团队，与班主任一起为学生授课，每学期分主题、按年级、分层次面向全体学生授课，从认识身体、保护脊柱、护牙护眼、走进青春期等主题入手，分门别类开展教育，践行真实的体育。我还倡导家庭"晨练"活动，引导学生逐步养成晨练的习惯。食饮有节，起居有常。晨练，目的不仅是锻炼身体，更是去除惰气，磨砺精神，养成终身锻炼的习惯。天蒙蒙亮的时候起来，坚持科学锻炼，不但能提高体能，增强体魄，而且能体验到一种身心愉悦的感受，坚持久了，还能将其中的勇猛、专注、自律等品质，迁移到学习、生活和今后发展的方方面面。体育与身心的发展融为一体、密不可分。

美育。底色教育视野下的美育，与学生的学习生活、校园的文化建设融为一体。陶行知先生认为："学校生活是社会生活的起点。远处着眼，近处着手，改造社会环境要从改造学校环境做起。全校师生应当以美术的精神共同改造学校环境。凡应当改造的，一丝一毫都不肯轻松放过，才能表现真精神。师生不能共同改造学校环境而侈谈社会改造，未免自欺欺人。"[1]底色教育背景下的美育，主张充分挖掘身边的素材，从环境改造、传承优秀传统文化着手，融合切入课堂内容资源。例如，中华经典诗歌，不但能用来学习语言，发展思维，还能引发人的真挚情感。学校通过中华经典诗歌诵读课程，使学生在学习中潜移默化地受到熏陶，感受经典的美；我和同事把古典音乐融入校园音乐文化中，精选古今中外的经典音乐，让学生日日欣赏；学校坚持举行校园艺术节，鼓励学生运用简单、常见的材料制作生活、学习物品，以儿童画的方式描绘音乐家、美术家和经典作品……真正的美源于真、善，倡导和践行"真诚、明善、健行"的校园文化，并坚持以言行去践行，是实践美育的方式之一。

劳动教育。劳动教育的价值需要在实践中深入体验和发现。在底色教育视野中，劳动教育与生活融为一体、密不可分。我倡导给学生布置"家务作业"，引导学生学习生活自理，坚持做力所能及的家务，在学校认真完成值日，自愿参加校园清洁的志愿者服务。这不仅是为了锻炼他们的自理能力，更着眼于培养他们的耐心、细心、肯吃苦、懂感恩等美好品质。在时间上，劳动教育与师生的每一天生活是一个整体；在空间

---

① 陶行知：《陶行知全集》，第 2 卷，252 页，成都，四川教育出版社，2005。

上，家庭之中、课堂内外、社会活动无一不是劳动教育的好时机；在实践上，学习、生活中的真问题、真需要，就是进行劳动教育的好时机。我主张给学生布置劳动作业，多年坚持办"自理擂台赛"，引导学生从清洗衣物、整理书包、打扫卫生、学习做菜、分类整理等主题入手，坚持实践，定期展示，家校共育，从而使学生养成终身热爱劳动的习惯，提升他们的自理能力；在学校设立"小太阳种植带""广济百草园"，鼓励学生参与种植、认养，制作名牌，撰写观察日记和实验报告；设立"失物招领监督员""垃圾分类小义工""食堂餐厨垃圾监控员""校园节能小专员"等岗位，以实践的方式锻炼学生的劳动能力。

## 五、底色教育的实施原则

在实施底色教育过程中，我坚持以下几条原则。

身心为本。强健的体魄、充沛的精力、坚韧不拔的意志和百折不挠的勇气是学习、生活的基础。为此，我咨询了教育顾问、医生、资深教师和体育教练等，集体研讨、制定了《行住坐卧标准及训练法》。俗话说，"坐有坐相，站有站相"，坐立行走是每个人生活的一部分，不但关乎身心健康，还能修养身心。此外，我和同事尝试改良学生的书桌，倡议家长选购符合人体工学原理的家用书桌，根据脊柱生理角度和学生身高等生理因素，调节课桌面的倾斜角度和高度，使课桌的桌面倾斜角度与人体生理结构相契合，这是关乎脊柱健康和视力保护的大事！我倡导晨练行动，食饮有节，起居有常，好的身体素质、优秀品质是在锻炼中磨砺出来的。健康是人成长的基石，我们邀请三甲医院的医生和饮食健康专家等，通过调查确定 20 多个"学生生命健康教育"的主题，有计划地开展生命健康教育，引导学生学习护牙、护眼、脊柱保护、健康饮食、伤口处理、自救自护等知识，努力为学生的健康打下基础。我和同事编选了《广济"中华经典诗歌诵读"校本教材》。经典诗歌是语言教育、文化熏陶、人格塑造的良好载体。抓住"身心"这个根本开展底色教育，是我们的实践纲领。

身教为先。怎样才能为学生的终身发展打下美好底色？我认为，校长、教师和家长的身教是关键！其身正，不令而行。身教者从，言教者讼！真正的教育是在平淡、朴实的行动中发生的。校长带头坚持晨读、晨练，逐步带动教师、学生崇尚学习的风气，才能养成好的校风，同样家风也是用扎扎实实的行动做出来的。这几年，我倡导并成立经典读书会，校长带动教师和一些家长晨读、晨练，逐步带动更多家庭读书、锻炼，进而影响整个校园的文化气氛。底色教育致力于从"就餐""如厕"等细节入手，先从校长陪餐、教师和家长带头"好好吃饭"开始，开展主题式、系列化的教育，目的是从学生的"饮食起居"入手，康健身体，完善人格。

践行为要。引导学生养成终身行之的良好习惯，是底色教育的抓手，其中坚持实践是关键。比如，坚持写日记。从实践经验来看，坚持写日记，引导学生养成记日记的好习惯，不但能锻炼其语言能力，更重要的是能培养学生有恒、细心、勇于反省等品质。天天记日记，真诚反思言行，坚持自己与自己对话，是不断自我进步的过程。又如科创教学，我所在的学校从2013年启动"玩创"教学研究，从学生拆装旧电脑等废旧电器的"拆装社团"，逐步发展成创客社团以及百草园课程、玩创课程等课程群，30多个玩创项目获得了国家实用新型专利或软件著作权证书，还多次获得省级及省级以上创新大赛奖，课程团队曾获得教育部主要领导的接见。呵护学生爱玩的天性，践行"玩出乐趣、玩出创意、玩出未来"的信念。只有坚持才能不断挖掘不同学生的天赋，才能不断整合各种玩创教学的资源，才能不断优化教学活动。

## 六、底色教育实践中的哲学关系

底色教育，重在实践。实践之路，贵在得要，纲举方能目张。在实践过程中，我坚持践行以下几点。

本与末的关系。物有本末。但得本，何愁末。譬如种树，根是树木的本；百年树人，教育当以学生的身心和学业为本，而身心又是学业之本。底色教育坚持为学生的身心发展打基础，从"培根"上重点着力，"身心"抓牢了，其他能力的培养就有了基础。我倡导从养成学生晨读、晨练等习惯入手，从学生日常饮食、起居的习惯养成起步，重视培养专注听课、学会反思、热爱劳动、坚持锻炼等习惯。纯洁的心灵、康强的体魄，是学生终身发展的根本。

知与行的关系。知行本是一体。为讨论方便，分而论之，底色教育坚持以行为主，以知为辅，在实践中探求教育的意义。我们着眼于学生的终身发展，从日常教育的点滴细节入手。我们长期坚持举办玩创节，征集创意点子，展示创意思维图和学生自己的玩创作品，让校园中的问题变成学生学习的起点，把校园环境变成学生学习、运用知识的平台，诸如学生自制了厨余垃圾称重装置"云上的文明桶"、自动检测噪声并智能提醒的"噪声检测装置"、智能检测土壤湿度的"花花草草健康监控仪"等。耐心、细心等品质，惜物、感恩等美德，是在坚持劳动的过程中体验而得的；师生长期坚持晨读经典，润泽的是生命……底色教育主张在做中学！

多与少的关系。老子曰："少则得，多则惑。"①师生的精力和时间是有限的，把关键内容抓实，把核心能力夯实，看上去做的"少"，长远来看是真正的"得"：晨练、晨读经典等是核心的功夫，写日记、做家务、做义工等是重点要养成的习惯。我们组织团队编选《广济"中华经典诗歌诵读"校本教材》，开展形式多样的读诗活动，引导学生养成经典诗歌诵读的习惯，使语言教育、审美熏陶、文化传承等蕴含其中；日记课程是表达、自省等教育的良好载体，我们尝试开展日记课程，引导学生勤于动笔、自主反思。

常与变的关系。老子曰："知常曰明，不知常，妄作，凶。"②我认为，守常而应变，乃教育应循之道。教育问题纷至沓来，教育技术纷繁复杂，教育资源层出不穷。只有守教育之"常"，才能应人生和未来世界之变。何谓教育之"常"？培育学生健康的身体、诚实的品质、良好的学习生活习惯是"常"。鼓励家庭坚持晨练、晨读，坚持开展"刷厕所""食堂服务""校园垃圾分类"等志愿者服务活动也是教育之"常"。

努力为学生的终身发展打下智仁勇的底色，这是底色教育的使命。

## 七、底色教育与中华优秀传统文化的关系

传承中华优秀传统文化，是底色教育的主基调。几千年的中华优秀文化，最核心的问题是"教人如何做人"：君子求诸己；言忠信，行笃敬；敏于行而讷于言；勿以恶小而为之，勿以善小而不为；修己以敬；修己以安人；修己以安百姓；仰不愧于天，俯不怍于人……底色教育，致力于在学生日常的生活中，养成晨读经典、晨练的习惯，致力于在日常生活中磨砺专注读书、认真做事的品质，致力于在学科之间、课堂内外、

---

① （魏）王弼注，楼宇烈校释：《老子道德经注校释》，55页，北京，中华书局，2008。

② （魏）王弼注，楼宇烈校释：《老子道德经注校释》，56页，北京，中华书局，2008。

家校合作中，养成坚持劳动、锻炼做事等习惯。"君子务本，本立而道生。"康强的体魄、纯洁的心灵、良好的学习生活习惯，是学生终身发展的根本。引导学生传承并践行中华优秀传统文化中的智慧，是底色教育一以贯之的主线。

发展中华优秀传统文化，是底色教育的新视角。经典是可以跨越时空的，如何引导学生在未来社会中知行合一，在践行中体验，以自己的言行诠释经典的意义，是底色教育的实践视角。我们鼓励学生坚持晨读经典诗文，培养语感，积累语言，开发思维，提高审美，感受文化，学生终身言行的基础，就在日积月累的涵养中逐渐丰厚。"虚心涵泳，切己体察。"内化于心，才能在未来的学习与工作中不断活学活用，取之左右而逢其源。我们和家长一起，坚持带领学生晨练，"治家以不晏起为本"，天天坚持晨练，可以康强体魄，磨砺意志，培养自制力、专注力，磨砺精勤、勇猛等良好品质，夯实终身发展的身心基础，达到行稳致远。义工活动、日记课程、玩创教学、诗教课程……人能弘道，非道弘人，坚持把经典的智慧，转化为校长、教师、家长和学生活泼泼的言行，是发展优秀传统文化的实践路径。

# 第一章

## 德育的底色在立德修身

　　坚持"修己以敬"的底色德育观，主张以立志、改过等为重点，磨砺学生内心本具的美德。在实践过程中，坚持以独立为德育的基础，以惜物、报恩、省身等为磨砺内心明德的重要路径。修己与助人是一体的，底色教育主张培育学生的同情心，引导学生在生活、学习中践行心无杂念、无私助人的宗旨，养成孝敬父母、尊敬师长、团结同学、为他人服务的习惯。"少成若天性，习惯如自然。"高尚品德的培养，蕴含在日常的一言一行之中。希望学生从小养成良好的习惯，并终身行之。

## 第一节　修己以敬的底色德育观

　　广义的德育，是对生命意义的探求，指向的是整个身心的开发。"德者，得也，得其道于心而不失之谓也。"①生命的意义是什么？几千年的中华优秀传统文化，核心内容之一是教我们如何做人。人生当以立志为本，开发内心本具的智仁勇大德，努力做一个"仰不愧于天，俯不怍于人"的人，是底色教育背景下德育的根本目的。

　　德智体美劳五育，关乎如何做人的学问，五育融为一体、密不可分。狭义的德育，主要从培养学生良好的习惯入手，为学生的发展打下美好的道德底色。德育，与日常的学习、生活融为一体，密不可分。一言一行、一饮一啄，无一不是德育的契机。

────────────

　　① （宋）朱熹：《四书章句集注》，第2版，94页，北京，中华书局，2012。

## 一、首在立志

德育首在立志！孔子曰："志于道，据于德，依于仁，游于艺。"[①]王阳明先生说："志不立，天下无可成之事，虽百工技艺，未有不本于志者。"[②]对于学生来说，无论是在学校，还是将来工作，都应该确立光明的志向。梁漱溟先生说："人生的意义在哪里？人生的意义在创造！"[③]"有的人是在外成就的多，有的人在内成就的多。在内的成就如通达，灵巧，正大，光明，勇敢，等等说之不尽。但细讲起来，成物者，同时亦成己。"[④]简言之，引导学生立志开发自己智、仁、勇的光明大德，是底色教育的德育观。

每个人的本质都是光明的，无论成绩好坏、家境贫富、身材高矮，人人都有光明的本性！身心蓬勃向上，学习全神贯注、全力以赴，待人没有私心杂念，对自己有帮助的人真诚报恩……坚持这样的行为，就是在开发自己的光明大德。例如，在每学期的开学典礼和每年的毕业典礼上，我都会亲笔撰写开学和毕业致辞，并在典礼上与学生畅谈，启发学生从小立志。如2017年的开学典礼上的致辞选段：

"人生当以立志为本。行动缺少光明的志向，如同一个人没有脊梁。人没有目标，容易迷迷糊糊，前后颠倒。王阳明先生说过：志不立，天下无可成之事，虽百工技艺，未有不本于志者。老师建议，每一位同学在行动之前，都要考虑清楚自己的目标是什么。大家虽然只是小学生，但结合自身，确立真切的人生志向，是最重要的事！老师认为，立志成为一个堂堂正正的人，就是很好的志向。希望每一名广济学子，都能打下真诚、明善、健行的人生底色。"

以下是2019年的毕业典礼致辞选段：

"同学们，你们即将结束小学阶段的学习和生活。接下来，你们还要迎接中学、大学的学业，以及工作、生活的诸多挑战。人生的问题多种多样，我们所处的世界纷繁复杂。在老师看来，人生一以贯之的是对人

教育的底色

---

① （宋）朱熹：《四书章句集注》，第2版，94页，北京，中华书局，2012。
② （明）王守仁：《王阳明全集·教条示龙场诸生》，1073页，上海，上海古籍出版社，2011。
③ 梁漱溟：《朝话》，139页，北京，世界图书出版公司，2013。
④ 梁漱溟：《朝话》，140页，北京，世界图书出版公司，2013。

生意义的探求。立志成为一个俯仰不愧于天地的人，是无数有识之士坚持倡导和终身践行的。大学之道在明明德。每个人的本性都是光明的，我们做人就要终身坚持开发自己内心的光明大德。何谓光明？光明就在我们每一个人的心里：当我们全神贯注学习的时候，内心一定是充实的；当我们踏实用功、认真劳动的时候，内心肯定是愉悦的；当我们真诚待人、坦然做事的时候，很容易体验到一种心底无私天地宽的快乐；当我们报恩于对自己有帮助的人时，内心一定是欢喜的；当我们知错就改的时候，内心常会有如释重负的感受……总之，当我们至心为人而无私心杂念时，内心就有光明。开发内心光明是人生的真意义，也是每一个人经过努力都能实现的。孟子曰：'仁义忠信，乐善不倦，此天爵也；公卿大夫，此人爵也。古之人修其天爵，而人爵从之。'①自心光明的开发，远远超过外在的财富、地位等收获……"

引导学生坚持思考，逐步确立光明的人生志向，是德育的目标，也是行动的纲领。

## 二、育人为本

育人是德育的根本任务。叶圣陶认为："小学教育的意义，概括的说来便是使儿童在行为上得到新的人生观。要达到这个目的，须承认人生必须是自觉的，自动的，发展的，创造的，社会的，而以教育做手段使学生养成这种种品德和习惯，以至达到最高的高度。"②蔡元培说："道德之本，固不在高远而在卑近也。自洒扫应对进退，以及其他一事一物一动一静之间，无非道德之所在。彼夫道德之标目，曰正义，曰勇往，曰勤勉，曰忍耐，要皆不外乎习惯耳。"③

德育渗透在所有的教育活动之中。以劳动教育中的德育渗透为例，坚持劳动，培养学生勤劳、专注、耐心、谦逊等美德。一个爱劳动的学生，能不断体会到学习中的道理，将生活中的学问与劳动中的体验融为一体。教育学生从做好生活自理入手，自己的事情自己干。在家里，坚持学做家务，每天帮父母洗碗扫地，学习烧菜，不但能分担父母的生活压力，还能学到不少有用的本领；在学校，认真做值日，锻炼自己耐心、

---

① （宋）朱熹：《四书章句集注》，第2版，342页，北京，中华书局，2012。
② 刘国正：《叶圣陶教育文集》，第二卷，北京，人民教育出版社，1994。
③ 蔡元培：《中国人的修养》，8页，苏州，古吴轩出版社，2018。

细心、吃苦耐劳等品质。洒扫应对里有生命的真学问。师生在食堂用餐，应该以"育人"为出发点。学校管理者在"陪餐"的过程中，发现学生在用餐习惯，以及食堂在管理、设施设备、后勤供应等多方面的问题，进而采取合适的教育、管理对策。我们与学生一起用餐，可以发现他们的饮食习惯与身心状态之间的关系，可以进一步了解家庭教育中是否存在饮食结构、饮食习惯等问题。我们还可以通过观察学生在用餐过程中的言谈举止，发现个人的文明素养、班级的风气等，进而倡导文明礼让、为他人服务等。

### 三、遵循良知

孟子曰："恻隐之心，人皆有之；羞恶之心，人皆有之；恭敬之心，人皆有之；是非之心，人皆有之。恻隐之心，仁也；羞恶之心，义也；恭敬之心，礼也；是非之心，智也。仁义礼智，非由外铄我也，我固有之也，弗思耳矣。"[①]朱熹曰："人性皆善，而觉有先后，后觉者必效先觉之所为，乃可以明善而复其初也。"[②]人之所以为人，源于其光明的本性。人人良知本具，这是我们每个人从内心皆可体验而得的。

良心表现，因人而异。蔡元培先生说："良心虽人所同具，而以教育经验有浅深之别，故良心发达之程度，不能不随之而异，且亦因人性质而有厚薄之别。""幼稚之年，良心之作用，未尽发达，每不知何者为恶，而率尔行之，如残虐虫鸟之属是也。"[③]学生的良知，有其明亮的一面，也有其蒙昧的一面。学校教师应始终以平等的态度与学生交流，坚持开发学生本具的光明良知，去除其不良的习气。这里举两个案例。

案例一：

有一学生小枝，从入校至今已有四年，多次因言行问题与同学产生矛盾，引起他人反感，进而被其他学生排斥，其家长甚至直接打电话给其他同学的家长进行指责。面对这些问题，班主任、任课教师、学校始终用一颗平常心进行教育。对于其他学生的排斥，班主任经常引导学生换位思考："如果我是小枝，同学不欢迎我，会有什么感受？""与小枝发生不愉快，我有没有做得不对的地方？"面对其他家长的不谅解，学校坚持耐心引导家长想一想："如果小枝就是我的孩子，我该怎么办？""我们忍心让小枝被大家冷落吗？长此以往，我们在孩子的心中会留下什么样的种子……"

面对小枝和其父母，我们经常这样劝慰："改过必生智慧，我们可以扪心自问：自己有哪些地方做得不对？是什么引发了同学们的不友善？……"坚持久了，同学、家长、家校之间渐渐多了理解、包容和关爱，小枝的言行问题，也有了明显的改善。幼吾幼以及人之幼，我们相信每个人内心都有良知。只有关爱和理解，才能化解矛盾，温暖他人；对抗转化不了人心。

案例二：

二年级的越越由于先天原因，在各方面的表现都落后于同龄人。班主任和任课教师组织学生开展"我愿意帮助你"的活动，引导其他学生发现越越身上的优点和闪光点，鼓励他们主动帮助越越，从而在班级中形成了良好的互助氛围。越越基础差，但特别能坚持，这个特点很能打动他人；越越学习暂时跟不上别人，但对劳动认真，对他人温厚而真挚，值得学习……几年下来，越越的进步让人惊叹。

真心发现他人包括后进者，进而发现每个人身上的闪光点。坚持开发和引导学生内心的良知，能不断地开发学生内心本具的明德。相观而善，互相学习，和合增上，形成师生和家校的合力，是我们进行德育的着力点。

相信每个学生内心本具的良知，坚持启发、激励、磨砺、引导，进步早晚会到来。人人都有光明的良知，坚持这样的信念不动摇，能逐渐感通人心，转变风气，形成教育的合力。坚持开发学生光明的良知，引导学生养成好习惯，克服心性的不足，是底色教育背景下德育应遵循的基本原则。

## 四、忠信为本

诚实善良，实事求是，是做人的底色！孔子曰："君子不重则不威，学则不固。主忠信。无友不如己者。过则勿惮改。"[①]曾子曰："吾日三省

---

① （宋）朱熹：《四书章句集注》，第 2 版，50 页，北京，中华书局，2012。

吾身：为人谋而不忠乎？与朋友交而不信乎？传不习乎？"①程子曰："人道惟在忠信，不诚则无物，且出入无时，莫知其乡者，人心也。若无忠信，岂复有物乎？"②"人不忠信，则事皆无实，为恶则易，为善则难，故学者必以是为主焉。"③先哲所论，都是从人道的根本出发的。"忠信"是其根本。

何谓忠信？忠者，尽心尽力，诚实不欺；信者，实事求是，如实不妄。遵循内心本具的良知，诚实无伪，可谓忠信。简言之，忠信者，诚实也！忠信是德育的基础，也是教育的基础。诚实做人，踏实做事，实事求是，贯穿底色教育的始终，融汇在德智体美劳五育中。例如，我们在校园中设立"自主失物招领角"，学生捡到失物会主动放到招领角的相应柜子里，并在失物招领本上登记，写上捡到者的相关信息和物品信息，而丢失物品的同学也可以去招领角认领。我们在校园的各个角落设置"诚信书吧"，把学校图书馆的大部分图书摆放出来，让学生自主借阅、归还。我们还在校园食堂设立自助餐台，让学生自主取食，并坚持小义工自主服务等众多尝试。在几年的尝试中，我们极少发现有随意认领、欺瞒谎报、私下乱取或破坏物品等现象。学习上亦是如此，坚持倡导教学的真实性，课后教师及时对学生进行测试和问卷调查，了解每一个学生在本节课中的学习效果以及个人的真实感悟。师生真诚相待，如实表达内心的感受，互相信赖，是教育的前提。

底色教育的德育观，主张以"忠信"（诚实）为本：专注学习、用心做事、真诚待人、诚实无欺，不懂就问、有错就改。"是故诚者，天之道也；思诚者，人之道也。"④师生的言行，以诚实为贵；教育教学活动的开展、教学评价的落实、校园文化的建设等，一以贯之的是"诚实"二字。

## 五、知行合一

底色教育中的德育，应该以行为主，以知为辅，在坚持实践中体验，在体验中深化，融德育于师生日常的生活之中，转化为全体师生的一言一行。

① （宋）朱熹：《四书章句集注》，第2版，48页，北京，中华书局，2012。
② （宋）朱熹：《四书章句集注》，第2版，50页，北京，中华书局，2012。
③ （宋）朱熹：《四书章句集注》，第2版，287页，北京，中华书局，2012。
④ （宋）朱熹：《四书章句集注》，第2版，287页，北京，中华书局，2012。

教育的底色

比如，我长期倡导布置这样的"德育"作业：每天运动半小时以上，帮父母做家务，坚持晨读、晨练、写日记等。文武之道，一张一弛，运动能培育学生勇敢、坚毅、自信、阳光等品质；劳动能培养学生勤劳、朴实、谦虚的美德；每日坚持朗读，选择经典，丰厚生命的意义；早起早睡，食饮有节，起居有常，健康成长。我在师生中倡导，为自己制订一两个可以天天坚持的"日课"，如晨读、晨跑、省行、整理、劳动等。

"君子耻其言而过其行。"与其空谈大道理，不如把事做踏实。做到了，能坚持，道理才算真明白。要求教师做到的，校长先努力去做；要求学生做到的，教师要坚持做到；要求学生做到的，家长先带头做。知和行是一体的。我们借助微信公众号平台，倡导知行合一的理念，推广知行合一的故事，表彰知行合一的行为：家长和学生一起坚持为小区垃圾分类做贡献，鼓励学生与别人分享自己的心得体会，带动大家一起行动；教师和学生一起为学校做义工，值周，为校园的清洁卫生、安全文明等工作出力。把这样的真实案例发掘出来，以图片、视频的方式公布在荣誉柱、宣传窗或校园网站上，因为真实的事例最能打动人、感染人……

## 第二节　独立：人格基础

德育从何处入手？众说纷纭。我认为，从独立入手，结合学生身心成长规律来探索，或许是值得尝试的一条路。

先来看现实中常见的几个现象。

学校旁，几乎每天都可以看到类似的情景：父母或其他长辈忙着帮孩子背书包、拿文具等，忙着劝孩子赶紧吃早餐，忙着叮嘱孩子上课时注意听讲……可怜天下父母心！不知道他们这样反复地唠叨、周到地照顾，对孩子的成长是弊大还是利大？

学习中，孩子主动预习、独立思考的情况不多，还常为了没带全书籍、文具而请家长送来。课间、午间，也常见家长匆匆给孩子送这送那，甚至为了一点小事与门卫起冲突。

节假日期间，家人常常围着孩子转：忙着送孩子到兴趣班，忙着给孩子布置家庭作业，忙着带孩子去各类景点"开眼界"，忙着给孩子洗这洗那，可究竟哪些是孩子应该独立去做的？哪些是孩子自己愿意去尝试的？……需要认真审视。

我们不禁想问：学生独立实践的机会去哪儿了？学生独自面对困难、克服困难的能力足够吗？学生何时才能独立承担责任？

陶行知先生说："滴自己的汗，吃自己的饭，自己的事自己干，靠人靠天靠祖上，不算是好汉。"[1]此话是对学生说的，但在当下的德育背景下，更是对父母和教师发出的劝诫！人生之道，独立为要！德育工作，建议从激发学生的独立意识，培育学生的独立人格开始。没有独立，身体、人格、智慧等的开发往往无从谈起；生活自理、学习自立、人格独立，这样的学生更容易实现可持续发展。

## 一、从培养学生生活自理能力入手

引导学生树立独立自主意识，学习自理、自立，养成生活自理的习惯，是底色德育的重点内容。我长期倡导学生养成早睡早起、独立做家务的好习惯。"治家以不晏起为本"！一个人早晨的状态，决定一天的状态。身心相依，天天坚持早起(读书、锻炼、劳动等)，整个蓬勃的生命力都会被逐渐开发出来。学做家务，不仅能帮父母等长辈分担压力，更为重要的是，能在劳动中逐渐养成感恩、耐苦、精勤、细心等美德，这也是体验后而得的。智者心行，只有真正下功夫尝试的人，才能体验到发自内心的愉悦，这是生命意义的一部分。

比如，学校把学生独立生活能力的培养，细化为引导学生重点养成几个小习惯：书包称重、书桌整理、个人物品摆放、班级物品整理、光盘行动、垃圾分类等，这些是学校长期坚持的检查项目，请家长义工教学生，让学生义工检查，学校大队部检查评比，以数据、图片、视频等方式展示。物放有序、学会整理等，是生活自理能力培育的重要内容。

## 二、以培养自主学习意识和能力为核心

我长期教育学生，学习是自己的事，依赖教师、父母或者课外补习、参考资料是很难学好的！凡事预则立，不预则废，引导学生确定自己的学习目标，学会预习，独立整理文具、书包，养成自主思考、学习的习

---

① 陶行知：《陶行知全集》，第6卷，603页，成都，四川教育出版社，2005。

惯。上课认真听讲，独立思考，学习记读书笔记，不懂就问，这是很宝贵的学习品质。

引导学生制订学习计划。教育学生制定合理的学习目标，根据各自的学习情况，确定学习的内容和进度，与教师、父母讨论后逐步试行；制订学习计划、个人锻炼计划、班级义工或社会服务计划等后，贵在坚持。教师也要有自己的专业成长计划，引导学生持续进步。

坚持培养学生独立做笔记的习惯。做读书笔记费时费力，不少人嫌麻烦，然而实在是极必要的。在日常的课堂教学过程中，我和同事引导学生关注课堂的板书、教材的重点，教师反复提醒的难点等内容，结合自己的实际情况，选择要点记录；在课余的学习中，引导学生做笔记，分门别类摘录读书过程中对自己的内心有触动的内容，及时整理，定期展示，互相学习。

培养学生自主学习的意识和能力的方法多样，因人而异，但核心只有一个，那就是：使学生内心积极向上，逐步明确学习目的，主动求学。

### 三、以塑造学生的独立人格为目标

引导学生走向独立，关键是逐步实现人格独立。我认为，学生来学校求学，最重要的是学习如何做人！教师不应该只教知识，他的责任是教学生如何做人。学生不应该只为学知识，他的责任是学习为人之道。

我倡导反躬自省的做人态度：每日设立"省身课"，师生之间互相交流，同学之间互相责善，真诚相待，闻善则喜。引导学生养成"求诸己"的习惯，遭受挫折，先反躬自省，自己做好了，事情往往会顺利起来。遇到困难敢于面对，勇敢尝试，方法总比困难多。碰到难题先独立思考，主动探索，之后再请教同学、教师或家长。书上学的道理要敢于实践；人生的道理，是在独立实践中不断体验而得的。

我重视学生独立人格的培养。比如，在校学生干部的选拔面试环节，设立独立任务，请学生思考并回答这样的问题：学校门卫处经常会有家长来放学生的衣物、文具等用品，既影响门卫室的整洁，还加重了门卫的工作量，长期下去，甚至会增加相关学生的依赖性，对此你怎么看，怎么处理，请独立拟订一个方案并说明自己的理由；课间玩耍时，两个同学发生了矛盾，有同学跑去请教师来处理，但教师还没来，两位当事人有越发冲动的倾向，作为旁观者，你打算怎么处理……独立思考，敢于尝试，榜样示范，逐渐推广，坚持培养全体学生独立的人格。

培养学生的独立人格，信任是前提。创设自主成长的环境，引导他们在独立学习中敢于尝试，不怕困难。在家校共育的合力下，提供持续的激励和评价。

# 第三节　惜物：俭以养德

在校园中，我们常常看到：校园的失物招领处堆放着许多无人认领的衣物、文具等，不少还是崭新的；在教室的垃圾桶里，才写了几页的本子被学生丢弃，用了不到一半的铅笔、橡皮"无人问津"；操场边的废品回收处总有几瓶未喝完的矿泉水，有的甚至才喝了一两口；在食堂、餐厅，虽然"光盘行动"开展已久，但一些学生的浪费现象依然严重，厨余垃圾桶常常是满的……

学生的言行是家庭和学校教育的一面镜子！俭以养德，惜物教育不仅仅是勤俭节约的需要，更是修德、育人的需要。人和大自然是一体的！在物质条件整体较好，惜物教育普遍还未引起足够重视的当下，这个问题有必要指出来进行讨论。

## 一、惜物教育是开发生命力的需要

或许有人认为，养成节俭的习惯，进行惜物教育，在物质条件比较宽裕的今天，不是很有必要。我不同意这种观点。我认为，惜物教育是培养人、开发身心生命力的需要。"一粥一饭，当思来之不易；半丝半缕，恒念物力维艰。"勤俭节约，培养的是我们每个人内心谦逊、感恩等品质；"勿以恶小而为之，勿以善小而不为"培植的是学生对生命的敬畏和发自内心的同情心……中华优秀传统文化，历来倡导勤俭持家。小时候，长辈也常常教育我们碗尽福至等道理。蔡元培先生说："节俭者必寡欲，寡欲则不为物役，然后可以养德性，而完人道矣。"[1]大力倡导勤俭

---

[1]　蔡元培：《中国人的修养》，11页，苏州，古吴轩出版社，2018。

节约，长期坚持惜物教育，保护环境，爱惜生命，是德育的需要，更是教育每个人尊重劳动成果、珍惜他人付出，培养敬畏生命、学会感恩等美德的需要。

## 二、惜物教育坚持身教为先

"其身正，不令而行"。进行惜物教育，教师和家长的身教是不可缺少的。长期的教育实践经验告诉我们，学生铺张浪费，根源往往在大人身上；学生没有养成勤俭惜物的习惯，往往因为教师、长辈的言行和教育意识有缺失。教育者，上有所施，下必有所效也。其原理在于"熏习"二字！所谓"近朱者赤，近墨者黑"，其道理是类似的。我曾长期在学校餐厅观察，喜欢挑食的学生，家庭往往有过于宠爱孩子的问题；习惯浪费粮食的学生，父母等长辈常常存在铺张浪费等问题。学生吃饭时满桌子都是饭菜，对餐盘随意扔、摔，基本上与父母和教师不重视惜物教育或言行存在缺失有关。

## 三、惜物教育坚持在实践中体验

惜物教育不仅仅是外在的道德要求，更是内心体验而得，只能通过坚持实践来体验。有的学校经常开展生物角养殖、动植物认养等教育，稍微留心观察不难发现，植物养得好的学生往往有耐心、有爱心，身心、学业、人际关系等整体状态也较好。发自内心善待小动物的学生，我们能感觉到其对他人的感情比较真挚，性格比较温厚，不容易有暴躁、易怒等性格。一个勤俭持家的家庭，家风往往淳朴。勤俭节约的人，更容易体贴、尊重他人。"如人饮水，冷暖自知。"这是体验而得的。静以修身，俭以养德，是长期躬行的有得之言，值得细心体味。

## 四、惜物教育宜因人因时因地而行

惜物教育适合每个人，应该根据不同的条件和时机循序开展。比如，在大力提倡垃圾分类的当下，如果能让学生坚持参与垃圾分类，轮流对垃圾进行分门别类操作和相关数据的统计，就能让他们对身边的浪费现象有更真切的体会。又如，学校餐厅、家中厨房、田间地头，是进行惜物教育的好地方，观察、收拾、称重厨余垃圾，定期择时去实践基地或乡村亲身参与劳动，能对"谁知盘中餐，粒粒皆辛苦"有更深入的体会。

家庭惜物教育应人人参与，班级勤俭节约教育建议由教师带头，从细节做起，长期坚持，让相关的教育内化于心，外化于行。另外，设立"基于互联网＋的失物信息查询招领平台"，实行"厨余垃圾称重制度"，成立节能环保和垃圾分类义工队伍，设置节能环保校外辅导员，设立实践基地等，都是值得尝试的办法。

惜物教育，关乎修德，指向育人，贵在践行！

# 第四节　报恩：知恩图报

"滴水之恩，当涌泉相报""鸦有反哺之义，羊知跪乳之恩""投我以桃，报之以李""谁言寸草心，报得三春晖"等，讲的都是报恩。孝敬父母，尊敬师长，真诚感受他人的善意，牢记别人对自己的帮助并以实际行动回报他人，以这样的报恩心推而广之，以善及人、无私助人。这样的品质是每一个人发自内心的需要，也是开发自己人格、智慧的前提。报恩品质的培养，是德育的重点。

## 一、培养报恩心，提倡真诚自然，由内而外

当我们真诚对待他人，无私帮助他人时，内心会感到愉快。我认为，报恩心源于每个人与生俱来的良知，也是每个人自我成长的需要。要把一个婴儿抚养长大，父母和其他长辈所付出的精力是难以想象的。父母无私地养育我们、教导我们，我们有什么理由不用自己的行动去孝敬他们呢？动物界里，羊羔跪乳，乌鸦反哺。报恩心发自内心，真诚自然。报恩心的培养，应避免刻意、做作，杜绝过多的外在评价。我常常看到这样的报道：学校提倡父母给学生在家的表现打分，要求学生必须做到哪些规定动作等。这些"向外"的做法，是不建议倡导的。报恩心的培育，提倡真诚自然，重点是培育一颗"真挚"的内心。

## 二、培养报恩心，倡导以善及人，推己及人

一个人的成长进步，离不开教师的教诲、朋友的帮助、社会的关爱、大自然的恩赐。对于每一个帮助过我们的人，我们都应该心怀感激，真诚报答。例如，孔子的学生子贡，在孔子去世后，守陵六年。每一个人沐浴在阳光下，快乐学习，健康成长，都需要多记着别人对

自己的好，也要对向自己提出"逆耳忠言"的人心怀善意。以一颗"真挚"的心去感受他人的善意，推己及人，扩而充之，是开发报恩心的重要路径。

这里举一个实例，以我工作的宁波市广济中心小学（以下简称"广济"）为例。

"当发菩提心，广济诸众生"是校名的由来，"广阔的视野，济世的情怀"是学校的校训。办学近六十年来，学校形成了良好的校风，出现了很多以善及人、无私助人的感人事例。以陈绍华先生为例，陈老先生小学学业没有完成就去各地经商，事业有成后坚持学习，撰写了多本医学专著。更为难得的是，他坚持慈善事业，造福桑梓，分别于1998年和2002年捐赠巨资建造广济新校舍。2012年陈老先生去世后，他的家族在其长子陈敏春先生的带领下，继续捐赠善款设立"哲英奖助学基金"和"广济教育集团科创基金"。学校将陈绍华先生的相关事迹收集起来，结合广济办学以来涌现的相关师生先进事迹，编选了"广济德育校本教材"，其中收录了陈先生在求学、工作、交际、捐赠、学习、著书立说、报效祖国等方面的诸多事例。

这样的德育和报恩教育，立足校情，与真实的事例融为一体，更有真实的感染力。

### 三、培养报恩心，关键要化为言行

报恩心，关键在做。报恩心，是心怀诚挚，滴水之恩，涌泉相报；报恩心，是以实际行动，坚持做力所能及、对社会有意义的事。报恩心的根本是"仁爱"，本质是培养"敬德"。引导学生养成孝敬父母的习惯，从自己的事自己做，少给父母添麻烦开始做起；受人帮助，要学会说声"谢谢"，并牢记在心；成立校园义工队伍，在班干部、大队委员的带领下，设立开放书架小义工、校园餐厅服务队、校园垃圾分类志愿者、校园失物招领小义工、讲解解说小义工、洁厕小义工等义工队伍，由教师带头，引导学生以实际行动为他人服务，持之以恒。

报恩心的培养，是每个人充实自己的需要，也是德育的重点内容。

# 第五节　省身：反躬自省

省身教育，对德育而言意义重大。孟子曰："学问之道无他，求其放心而已矣。"①曾子曰："吾日三省吾身：为人谋而不忠乎？与朋友交而不信乎？传不习乎？"②蔡元培先生说："人各有所长，即亦各有所短，或富于智虑，而失之怯懦；或勇于进取，而不善节制。盖人心之不同，如其面焉。是以人之进德也，宜各审其资禀，量其境遇，详察过去之历史，现在之事实，与夫未来之趋向，以与其理想相准，而自省之。勉其所短，节其所长，以求达于中和之境，否则从其所好，无所顾虑，即使贤智之过，迥非愚不肖者所能及，然伸于此者诎于彼，终不免为道德界之畸人矣。曾子有言，吾日三省吾身。以彼大贤，犹不敢自纵如此，况其他乎？"③"见善则迁，有过则改"，这句话蕴含了做人的基本道理：要坚持开发自己的上进心，见到真、善、美的事物，努力学习；发觉自己的不足或过失，要敢于承认，有错就改。以上话语，都在反复强调"省身"的重要性。

## 一、省身教育的核心内容是"改过迁善"

何谓"过"？何谓"善"？《辞源》的解释分别是"过失"和"美好"。商朝的开国君主成汤在洗澡用具上刻了这样的警词："苟日新，日日新，又日新"，他时刻警醒自己刻苦学习、改过自新。朱熹说："自治不勇，则恶日长，故有过则当速改，不可畏难而苟安也。"④程子也说："学问之道无他也，知其不善，则速改以从善而已。"⑤这些先贤都在反复强调：人的一辈子，应该走在开发自己、完善自己的光明大道上，改过自新是真学问！

## 二、省身教育，是知行合一的做人学问

人人都可以在实践中体验省身教育。在中华优秀传统文化中，学和

① （宋）朱熹：《四书章句集注》，第2版，340页，北京，中华书局，2012。
② （宋）朱熹：《四书章句集注》，第2版，48页，北京，中华书局，2012。
③ 蔡元培：《中国人的修养》，99页，苏州，古吴轩出版社，2018。
④ （宋）朱熹：《四书章句集注》，第2版，50页，北京，中华书局，2012。
⑤ （宋）朱熹：《四书章句集注》，第2版，50页，北京，中华书局，2012。

习、知和行是一体的。践行底色教育，需要特别留心知行合一的原则。从我们各自的实践经验来说，诚实面对自己的不足，勇于改过自新，常常会有如释重负、身心轻松之感，这是体验而后得的。例如，学校设立"省行"课，坚持引导学生学习自我反思，真诚开展批评与自我批评，以他人为镜子，照见自己的不足，专注向内，充实、提高自己，这样的教育是很有价值的。行有不得，反求诸己。日常生活中，遇事能常检点、反省自己，少说他人过患，"躬自厚而薄责于人"，省身功夫，贯穿每个人日常的视听言动全过程。反躬自省，见善则喜，闻过则改，省身教育，贵在知行合一。

### 三、省身教育，以日常的言行为主线

"君子有九思：视思明，听思聪，色思温，貌思恭，言思忠，事思敬，疑思问，忿思难，见得思义。"[①]概言之，主要从"言""行"二字着手。言忠信，行笃敬，以自己光明的良知为参照，以"忠信笃敬"为准绳，把省身落实到日常的一言一行之中。在教育实践中，"日记"是好的省身教育载体。我提倡记日记应以"如实"为基本原则，修辞立其诚；记日记要循序渐进，量力而行，一开始记成流水账也挺好，之后可以把日记内容逐渐分成生活、学习等不同的类别，分门别类记录，择时整理；记日记贵在如实检视自己，要坚持"见善则迁，有过则改"的态度，勇于知过改过。

省身教育，以人人本具的良知为准绳，诚实是最重要的原则。省身教育，贵在留意自己的言行，有错就改，知善而行。

## 第六节　行孝：孝为教始

百善孝为先！学生对父母的情感，是对他人情感、态度的基础。底色教育实践非常重视培养学生的孝德。孝德的核心内容是什么？我认为，培植并开发每个孩子对父母真挚的情感，是培养孝德的重点。

### 一、背景与意义

事亲为大，善待父母，报答父母的养育之恩，是天经地义的事，也

---

① （宋）朱熹：《四书章句集注》，第2版，174页，北京，中华书局，2012。

是每个孩子内心本具的良知。行孝，是德育的重点内容。近年来，媒体报道了"啃老""弑亲"以及亲子失和、家庭暴力等方面的一些事件。在当下的背景下，行孝教育显得尤为紧迫和重要。

何谓孝？《辞源》的解释是："子女善待父母为孝。"《说文解字》的解释是"善事父母者"。孝，不是愚孝，更不是单纯追求外在的表现形式。真正的孝是"求诸己"，是向内的，是从心底流淌出来的真挚、美好的情感。在整部《论语》中，不同的学生向孔子问孝，孔子的回答分别是："色难""无违""父母唯其疾之忧""不敬，何以别乎"……孔子的学生的年龄、性格、家庭背景、身份地位等各不相同，所以他的回答也各不相同，但一以贯之的，是"以道事亲"这个核心，是孩子对父母的尊敬和关爱。孝敬父母，和颜悦色是难能可贵的，源于内心真挚深厚的情感；侍奉父母，比奉养更重要的是发自内心的尊敬；孝敬父母，重要的一点是将心比心，把自己照顾好，不让父母为自己担忧……我认为，时代不同，"孝"的含义也不尽相同。对当下的学生来说，行孝的关键，是能以父母之心为心，培植内心真挚、温厚、恳切、自然的爱亲之心。

引导子女尽孝的前提是什么？慈与孝相对。我认为，父母的身教，是教育子女行孝的前提，"父慈子孝"，此之谓也！父母的慈爱是子女孝敬的前提和关键。父母的言行是子女的榜样，想让子女成为怎样的人，父母要坚持做那样的人。父母要发自内心关爱子女的成长，遵循人的成长规律，从"身心"这个根本培育子女。父母对子女真挚的爱，是培育子女孝心的关键。我和同事坚持举办家长学校和家长议事会，重点交流的话题是"如何言传身教"。要求子女做到的，父母先带头坚持去做；要求子女改正的，父母先发自内心改正；"父子之间不责善"，一味说教、批评、指责，不但缺乏教育效果，反而会阻碍子女健康成长。一句话来概括"父慈子孝"的"慈"，那就是内心真实、身教为先、互相学习、和合增上。我们在举办家长学校、经典读书会，开展家访等过程中，不断引导家长树立正确的家庭教育观念，尝试有益的家庭教育方式，培养学生的孝德。例如，尝试"小留学"活动，即引导条件合适的家庭，将彼此的子女定期互换到对方的家庭中去学习、生活；坚持举行家庭教育沙龙活动，引导家长分享家庭教育中的经验、问题等；定期与家庭教育义工、学校教师及家长朋友分享探讨。交流问题、分享智慧的过程，是发现学生天性的过程，也是互相启发的过程。身教重于言传，父慈子孝，是培养学生高尚品德的需要。

## 二、内容与途径

教育学生行孝的主要内容和路径是什么？我认为，孝德是每个人内心本来就有的，顺着这个天性，坚持开发学生内心的孝德，是行孝教育的切入口。我坚信，每一个学生对父母都有天然的真感情，孝德是与生俱来的；教育学生学会将心比心，体谅父母的艰辛，父母和子女的内心是感通的；引导学生逐步走向独立，食饮有节，起居有常，照顾好自己的身体，这是行孝的基础；坚持布置"家务"作业，鼓励学生为家庭做力所能及的家务，家校携手坚持培育学生的劳动技能，行孝教育重在自立，贵在践行；家人之间真诚关爱，逐步培育学生对父母和长辈的真挚情感，是行孝教育的核心。比如，引导学生尝试"我当一天家"活动，在买菜、洗衣、做饭、记账、打扫卫生的过程中，体验父母的辛劳，体会当家的不容易……

在新时代的德育背景下，针对不同的个体和家庭所出现的问题，坚持引导和开发每个学生的"孝德"。蔡元培先生说："吾国圣人，以孝为百行之本，小之一人之私德，大之国民之公义，无不由是而推演之者，故曰唯孝友于兄弟，施于有政，由是而行之于社会，则宜尽力于职分之所在，而于他人之生命若财产若名誉，皆护惜之，不可有所侵毁。行有余力，则又当博爱及众，而勉进公益，由是而行之于国家，则于法律之所定，命令之所布，皆当恪守而勿违。"[1]我认为，孝德的培养，是德育的基石，内心善良，做人真诚，做事讲诚信，敬业，待人友善等，都从"孝"开始。我经常邀请家长一起探讨"如何看待让学生吃苦、独立"等问题。常言道："惯子如杀子"，我发现不少学生言行习惯不好，同学关系不和睦，学业成绩不良，根源常常在于"太宠溺"，这里举一个实例。

学生小A在餐厅吃饭的桌子几乎每次都是最脏的，吃饭动作也很慢；碰到他喜欢吃的东西，如鸡腿等，他一下子就拿十多个，又吃不完。与小A的同学一交流，发现同学对他的自私、脾气差等问题颇有微词。联系班主任了解他的情况，发现其祖父母及父母对孩子的教养方式有不

---

[1]　蔡元培：《中国人的修养》，3～4页，苏州，古吴轩出版社，2018。

少问题，主要在于：饭来张口，衣来伸手，不舍得让孩子吃苦，也不舍得让孩子干家务，想吃什么就给买什么……

教育孩子，我的做法是，引导他从行孝起步：有好东西，父母先吃；坚持帮长辈做家务，从力所能及的盛饭、倒垃圾、买菜洗碗等做起，慢慢体谅长辈的艰辛……对于父母和祖父母等，坚持沟通，统一思想，慢慢让他们明白：宽是害，严是爱，宠溺对孩子的长远发展不利；真正的"慈"，是真心为孩子的终身发展考虑，引导孩子养成肯吃苦、爱劳动、能谦让、关心他人等品德……

经过长期观察，我还发现学生言行得体、同学关系和睦，往往得益于父母长期以来良好的教养方式。教师应引导学生尊重父母及其他长辈的劳动成果，引导学生为家里分担家务，如为父母盛饭、为祖父母送东西；有好吃的，先给长辈……

坚持引导学生行孝，是开发高尚品德的需要。

# 第七节　交友：乐交贤友

在多年的教育实践中，我发现，学生所交的朋友怎样，他(她)自己往往也有与他们类似的特点。所谓"物以类聚，人以群分"，讲的就是这样的道理。底色教育，遵循"熏习"的教育原理。

## 一、引导学生认识交友的意义

为何交友，怎样交友，对人的成长关乎重大！其原理在于"熏习"！"近朱者赤，近墨者黑。"环境和朋友的影响，对一个人的成长非常重要。梁漱溟先生说："调整自己必亲师取友。"[1]蔡元培先生说："朋友者，能救吾之过失者也。凡人不能无偏见，而意气用事，则往往不遑自返，斯时得直谅之友，忠告而善导之，则有憬然自悟其非者，其受益孰大焉。"[2]理解什么是真朋友，明白交朋友的意义和真正的目的，掌握结交益友的方法，对一个人的成长来说，有重要的意义。

什么是朋友？对于这个话题，似乎众说纷纭，有人想认识兴趣相近

---

① 梁漱溟：《朝话》，17页，北京，世界图书出版公司，2013。
② 蔡元培：《中国人的修养》，22页，苏州，古吴轩出版社，2018。

的朋友，有人喜欢结交讲义气的朋友，有人愿意亲近有背景的朋友，有人喜欢结识才华横溢、特长突出的朋友。我认为，教给学生正确的朋友观并以身作则，很重要！同门为朋，同道为友，志同道合，朋友之谓也。陆九渊说："友者，所以相与切磋琢磨以进乎善，而为君子之归者也。"①诚哉斯言也！

交友的目的是什么？很多人交朋友靠感觉，凭是否开心等，这是很值得商榷的。在启蒙教育阶段，与学生探讨交朋友的目的，很值得提倡。以文会友，以友辅仁，所谓朋友，友其德也！人的兴趣是不断变化的，靠不良的兴趣爱好结交的朋友，不但有害，友情也不会长久；以拉关系、得好处等为目的而交朋友，最终的结果可想而知。孔子曰："益者三友，损者三友。友直，友谅，友多闻，益矣。友便辟，友善柔，友便佞，损矣。"②正当的交友，应该是互相学习，学习对方的闪光点，真诚相待，共同进步。

## 二、如何引导学生正确交友

首先，教学生明辨是非，分辨何谓益友，何谓损友。肯吃苦，肯吃亏，彼此真诚相待，愿意替对方考虑，坦诚提出对方不足，于对方的身心、学业进步有帮助者，为益友；有问题推卸责任，有事情埋怨他人，只顾玩乐的，很可能是损友。多结交正直、宽宏大量的朋友，多结交博学广闻、积极进取的朋友。引导学生打开心扉，虚心聆听不同的意见，结交能给自己提出意见和建议的朋友，这是一个人不断进步的必要条件。

其次，因地制宜，因时制宜。比如，我和同事重视引导学生进行"同桌"交往：坚持实践"同桌轮换制"，创设机会，让学生与不同类型的同学交往，互相包容，彼此帮助，真诚相待；同桌之间交往，以互相学习对方的优点、包容彼此之间的不足为要，学业成绩有优劣，但性格、品质等各有优长，互相学习，彼此包容，是好的交友态度。又如，我们还提倡成立"学习小组""结对互助"，在集团学校之间进行"小留学"活动，以此扩大学生的交友范围，逐步开展交友教育。

最后，学习朋友之间的相处之道。朋友之间相处，最重要的原则是

---

① （宋）陆九渊：《陆九渊集》，375页，北京，中华书局，1980。
② （宋）朱熹：《四书章句集注》，第2版，172～173页，北京，中华书局，2012。

"信"，彼此之间坦诚相待，做事尽力而为，实话实说。朋友之间相处，最怕欺瞒，最希望对方与自己坦诚相待。有些事情可能一时办不好，但提前说、实话实说、坦诚相告，对方往往并不会介意。另外，也要教育学生注意，朋友之间相处要适度。子曰："忠告而善道之，不可则止，无自辱焉。"[1]说话适可而止，不要过头、过度。

这里举个"换同桌"的实例。

底色教育视野下的"换同桌"，是实践德育的一种方式，也是为学生终身发展打下美好底色的一种"实验"方式。换同桌，表面上看可以按照一定的方式来进行，如按照身高相仿、学业相仿或互补、性格相投或互补等方式进行，其实质是坚持培养学生学会与不同性别、性格、学业水平的同学友好相处，做好自己，帮助他人。"换同桌"背后有深意。有一次，我们收到投诉，说有家长对学生新换的同桌不满意，认为原来的同桌很优秀，与孩子相处愉快，能彼此促进学习，新换的同桌成绩较差，不适合她孩子，因此还找借口不让孩子来上学，给班主任和学校施加压力，另一方面还托种种关系来说情，希望能换回原来的同桌。经过深入的了解和调查，我们发现这个学生的心态不够端正，根源在于父母对孩子太过宠爱，对他人缺乏同情，也没有真切地认识到"帮助他人，就是帮助自己"的道理。通过交流，我们一方面鼓励班主任坚持自己合理的教育方式，维持目前的换同桌结构不变；另一方面通过与学生父母电话沟通、家访等方式，柔和告知我们的意见：学会与不同类型的同学相处，是教育的一部分；如果学校为学生提供额外照顾，争取特殊的地位，则有害无益；鼓励学生积极适应，主动帮助同桌进步，是培养学生的重要内容，不但不应该反对，反而应该快乐践行……经过长时间的交流，学生本人和其父母接受了这个安排。

校园无小事，处处皆教育。即使是诸如"换同桌""组成学习小组""选择选修课""安排值日小组"等活动，也是对学生进行交友教育的重要途径。交友教育，重点在于让学生在与同伴交往的过程中，培育真挚的情感，形成正确的人生观和价值观，以便更好地开发每一个人内心本具的高贵品德。

---

[1]　(宋)朱熹：《四书章句集注》，第 2 版，141 页，北京，中华书局，2012。

## 第八节　乐群：修己安人

利己与利人，本是一体。古今中外成大事者，无一不是把修养自己和帮助他人统一起来。"老者安之，朋友信之，少者怀之。"[1]这是孔子终身践行的志向；"穷则独善其身，达则兼善天下。"[2]这是孟子推崇的人生愿景；"我愿终身为民族社会尽力；并愿使自己成为社会所永久信赖的一个人。"[3]这是梁漱溟先生的志向。王阳明、陶行知、叶圣陶……许多在人类历史上留下光辉足迹的人物，都是把修己和安人合二为一；与此相反，如果只为了一己私利而追求所谓成功，不但难以开发本具的光明大德，还容易误入歧途。

与群体或社会中的其他人友善相处，团结协作，是每个人应尽的本分，也是身心修养的学问。喜欢群居是人类的天性。对于每个人来说，能力、性格、爱好各不相同，与他人和睦相处、互相帮助是生存的需要，更是开发自己生命的需要。让学生懂得如何与他人相处，是德育的重要内容，教师需要不断引导，悉心教育。

### 一、意义

高尚品德，人人本具。只顾自己利益，不顾他人利益，为人所不齿。运用自己的智慧、体力、财力等，扶危济困，帮助他人，是每个人开发自己光明本性的需要。

需要特别注意的是，尊重他人、无私助人等品质，不是外在的要求，而是发自内心的需要。我们每个人都可以联系自己的身心体验或日常的观察来感受：当我们没有任何私心杂念去帮助他人，或为公众做事时，内心必定有愉快的体验；经常为他人考虑，内心善良，坚持无私做公益的人，往往身心状态较好……"大学之道，在明明德。"[4]修己安人，无私助人，是学习、生活的需要，是开发自己的必由之路。

---

① （宋）朱熹：《四书章句集注》，第2版，82页，北京，中华书局，2012。
② （宋）朱熹：《四书章句集注》，第2版，359页，北京，中华书局，2012。
③ 梁漱溟：《朝话》，9页，北京，世界图书出版公司，2013。
④ （宋）朱熹：《四书章句集注》，第2版，3页，北京，中华书局，2012。

## 二、纲要

做人的基本道德规范是什么？除了遵守法律之外，大致的要点是尊重他人、无私助人。蔡元培先生说："人之在社会，其本务虽不一而足，而约之以二纲：曰公义；曰公德。"[1]孔子曰："己所不欲，勿施于人。"[2]这与蔡元培先生指出的"公义""公德"相当，即自己不希望面对的，当然不应该施加于他人。人人都有"恻隐之心"，看到有人陷于困难、痛苦、危险之中，大多数人都会产生同情、恻隐之心，从自己的一念善心出发，推而广之，尽自己的力量去关心他人、无私助人。

我坚持实践的乐群教育以尊重他人、无私助人为纲要。尊重他人的主要内容有：尊重他人的生命和身心健康，不恃强凌弱、欺凌他人；尊重他人的人格，文明言语，不出口伤人；尊重他人的私人物品，未经允许，不私自翻阅或拿取；尊重他人的名誉，不出恶言，不给他人取绰号或侮辱别人。无私助人的主要内容有：运用自己的智慧、体力或财力去帮助他人，以善及人，无私助人。助人目的要纯粹，不可存为名为利的心。

## 三、原则

推己及人。乐群课程的主要目的是帮助他人，开发自己。从消极方面看，希望自己的生命、财产、名誉等得到保护，不受他人损害，从积极方面看，帮助他人，快乐自己，是人人能感受到的，况且从广义上来看，整个社会乃至整个世界就是一个有机整体，帮助别人是开发自己、实现自我成长的需要。

循序渐进。乐群教育倡导从小处、细处着手，循序渐进。尊重他人的前提是尊重自己，帮助他人也要充分考虑自己的能力。无私助人的前提是孝敬父母，尊敬师长，友爱同学，尽己所能。在学习、生活和将来的工作中，尽心做好本职工作，把这份善心推而广之，这是乐群教育的基本原则。

无私助人。蔡元培先生说："博爱者，施而不望报，利物而不暇己谋

教育的底色

---

① 蔡元培：《中国人的修养》，44页，苏州，古吴轩出版社，2018。
② （宋）朱熹：《四书章句集注》，第2版，134页，北京，中华书局，2012。

者也。"①助人不可先存名利之心。所谓"种瓜得瓜，种豆得豆"，先存为名、为利的心，最终很难体验到纯粹的快乐，也难以使自己得到真正的成长。这是体验而后得的。

助人自助。帮助他人，需要注意"助人自助"的原则。民间有"救急不救穷"的俗语，讲的就是类似的道理。帮助他人，要看时机，还要看对象。在他人需要帮助的时候伸手，不断扩大助人的力量，启发他人的上进心，力所能及地在财力、物力上给予他人帮助等，都是助人的好办法。

## 四、路径

在学校中开展为他人服务的活动，是培养乐群品质的重要途径，其目的是通过组织义工服务，让参与者在丰富的实践活动中，学会关心，学会感恩，助人自助，提升自我。

义工活动的主要任务有：在自主服务的基础上，组织开展小组、班级、学校、社区(社会)义务实践活动，让学生体验无私助人的快乐；培养学生的奉献精神和服务能力，促进学生身心的健康成长；为有特殊困难以及需要帮助的同学、教职工提供帮助和服务；宣传义工文化，开展与其他义工组织的经验交流活动。

学校义工活动的岗位、职责和活动时间因人而异、因地制宜，主要的原则是自愿参加、量力而行。例如，我和同事在小组设立作业收发、互助岗位，在班级设置节能、垃圾分类等义工岗位，在校园设置清洁厕所、食堂服务、校园环境维护、垃圾分类、文明引导、安全劝导、学校图书馆服务、校园植物认领种植、小太阳广播站、失物招领等岗位。每年开展爱心义卖活动，定期去校外的结对点开展力所能及的服务互动。根据学生能力因需设岗，根据课余时间因时制宜，教师和家长率先垂范，带头开展义工服务活动。

学校义工活动以体验式评价为主。真诚为他人服务，自然能体验到纯粹而持久的乐趣。默默无闻、无私奉献，乐在其中！

我们来看看一名小义工写的爱心义卖倡议书。

---

① 蔡元培：《中国人的修养》，54页，苏州，古吴轩出版社，2018。

## 爱心义卖倡议书

尊敬的老师们、亲爱的同学们：

大家好！

今天，我们将在广济的校园举办一年一度的"小太阳爱心义卖节"。虽然天气寒冷，但是同学们以高涨的热情参与到本次活动的筹备过程中。我们真诚邀请全校师生参与爱心义卖活动，踊跃捐献并购买物品。让我们共同奉献爱心，把关爱和温暖送给那些需要帮助的人。

爱心是一泓清泉，洗涤着世界的尘埃；爱心是一缕阳光，扫除心底的阴霾；爱心是一股暖流，温暖人们的心怀。在这个寒气袭人的冬日里，让我们行动起来，投入爱心义卖的行动中。我们将家中闲置的书籍、文具、玩具、手工作品等拿出来参加义卖，用义卖款帮助有困难的同学。用我们的爱心驱散寒意，让社会充满阳光。

同学们，一滴水微不足道，但是如果汇成一股清泉，就足以滋润干涸的心田。"人"这个字的结构就是相互支撑，只有相互支撑，生活才精彩。我们热切期盼您的参与，请献出您的爱心，伸出援助之手。让关爱成为我们的习惯，让我们的社会更加和谐，更加美好。

同时我们倡议全体同学：

1. 不贪图小便宜，乐于奉献与帮助他人。

2. 绝不玩投机取巧的小把戏，真诚对待每个人、每件事。

3. 注意安全，不在楼道里奔跑，不推不挤，有序排队。参加活动前需要了解安全知识，更需要树立规则意识。

亲爱的同学们，"爱是一个口袋，往里面装的是满足感，往外掏的是成长感"。请大家一起行动，共同参与这次爱心义卖活动。相信在大家的支持下，我们将插上爱的翅膀，播种爱的希望。

无私助人的宗旨、爱心活动开展的原则和要点等，都在具体的实践中体验而得。

再来看看几个小义工的实践体验。

## 被需要是一种幸福
### ——做食堂义工有感

时光匆匆流逝，我成为一名食堂义工，已经为低年级同学服务了整整一个学期了。做食堂义工很简单，吃完饭我们就系好围裙，每张桌子上分8个汤勺和汤碗，有时还要帮着分好8份水果。紧接着我们就帮同学打饭、添汤。虽然这些事情看着简单，但是坚持下来我发现一点也不容易。

因为要帮第二批吃饭的同学分好餐具，所以吃饭速度不快的我每次都有紧迫感。要是到食堂的时间晚了一点，吃饭更是要快上三分，生怕自己动作慢了，不能及时完成任务。可看到餐桌上摆放好的餐具，我懂得了什么是责任。

幸好，我有一群可爱的同伴，不论谁都愿意为他人伸出援助之手，大家互帮互助，每次都能很好地完成任务。这让我感受到什么是团结。

每次看到其他同学盛汤，我总是忍不住上前帮忙，生怕他们打汤时拿不稳那大大的汤勺，烫着自己。看到小弟弟小妹妹灿烂的笑脸，我知道了什么是担当。

每次看到其他同学早早吃完午饭，或在操场上悠闲地散步，或三五成群地聊天，或赶回教室写作业，或跑进阅览室看书……我也心痒难耐。虽然我回到班级已经没有多少时间可以休息了，但是我明白了什么是奉献。

一个学期的义工工作，让我真正懂得被需要是一种幸福。虽然放弃了休闲时光，但我无怨无悔，因为我收获的是玩乐中体会不到的内心的满足与快乐。爱就像养料，滋润着我们的心。我们做每件事都应带着发自内心的关爱。就算是平凡而琐碎的工作，我们从中也能找到内心深处的那份快乐。

尽己所能，无私奉献，为低年级用餐的同学服务，感到内心深处的满足与快乐，是这名小义工在实践中体验到的乐趣。

学校秉持自愿的原则坚持开展参与清洁厕所的义工活动，有不少学生主动参与这项活动，苦中有乐，难能可贵。

### 义工实践对我的改变

第二天中午我便开始打扫厕所。教学楼五楼的男厕所使用人数较多，卫生情况比较严峻，一开始有些同学嫌臭，上厕所都要捂着鼻子。我雷打不动地坚持一周三扫。怎么冲水才能最大程度地清理污物？怎么刷地才能轻松刷掉垃圾？怎么才能让鞋袜不湿……我总结出了一套自己的经验。现在我可以自豪地说，我是厕所清洁小能手。从最初打扫完的一身狼狈到现在的一尘不染，从最初的费时费力到现在的游刃有余，我已成为个中好手。

记得四年级的我刚开始打扫厕所的时候，有的同学一边捏着鼻子，一边好奇地看着我。有的同学说："真奇怪，那么脏、那么臭的活儿都有人干，别不是装样子吧。"到了六年级我再次选择打扫厕所时，同学们更多地以敬佩和感激的目光看着我。在我打扫厕所时，其他同学会主动退出去换个地方上厕所，或是等我打扫好了再来使用。有时其他同学也会主动拿起厕所里的拖把，和我一起将厕所打扫干净。

　　更让我感到高兴的是，在我的带动下，更多的同学积极参与进来。大队部陈老师说："吴同学，如果你一个人扫厕所干不过来的话，可以找一两个义工帮忙。"我心里本来还有点上下打鼓，心想："估计很难找到吧！这种又脏又臭的活，没有几个人愿意干。"我只好厚着脸皮去班级找帮手，但是结果出乎意料，有很多同学愿意跟我一块打扫，他们认为，打扫厕所也没有想象中那么脏、臭了，大家也更爱劳动了。这让我感到非常开心。

　　自从在学校当了义工，我在家里也会经常帮助爸爸妈妈干一些力所能及的家务活儿。洗衣服、叠被子、打扫卫生和做一些简单的饭菜，帮大人拎东西、扔垃圾等，很多家务活儿都已经不在话下。义工实践活动改变了我很多，我从中收获了快乐，懂得了感恩。虽然每天的义工工作会占据我的课余时间，但是我从来没有因此而叫苦埋怨，反而更加快乐！

　　底色教育，重在培养学生基本的乐群意识、能力，使学生养成乐于助人的习惯。

# 第二章

## 智育的底色在以诚为本

智育的底色何在？曰："诚敬。"聪明睿智皆由此生发。认清智育的目的很重要，培养学生的好奇心，培育并开发其对他人的同情心、悲悯心，是激励人不断求知、开发智慧的基础。诚心、独立、勤奋、惜时、专注等，都是智育的重要内容。在如今的教育背景下，我认为，智慧的开发，从培育学生发自内心地尊敬老师开始。勤学、专注等学习品质，是在踏实用功的学习过程中培育的。如何落实智育目标？结合我多年实践，本章以晨读经典、诗教启蒙和玩创教学等为例，介绍具体的教学探索。智育的内容非常宽广，本章仅通过例证来说明。

## 第一节　以诚为本的底色智育观

小学底色教育中的智育，当以何为本？探讨这个问题，具有重要的现实意义。

一些教师和家长把引导学生学习知识和技能当成智育的根本，比如，课堂中充斥着各类知识大全；教师忙着给学生讲解知识要点；放学后家长还给学生报课外兴趣班……结果导致教师累，家长烦，学生疲惫。学生对学习失去兴趣，学业成绩也不见得有多少长进，应有的潜能没有开发出来。诚然，必要的基础知识和基本技能，是智育的基础，但知识无穷无尽，一个人穷其一生所学的知识，顶多也只能是沧海一粟罢了。以有限的精力，去学习无穷的知识，结果可想而知。单纯的知识的学习，并非智育的根本。

还有一些人把开发智商、追求学业成绩的优秀当作智育的根本。过人的才华、聪明的头脑固然可贵，但更应该引起教育者和学习者注意的是，必须搞清楚求学的根本目的、知识的来龙去脉和探求知识的方法……没搞清楚求学的目的，读书无异于盲人瞎马；一个人如果具有较高的知识水平与能力，但缺乏辨别是非善恶的能力，很容易导致危险的后果；不善于活学活用，学习者往往成为"两脚书橱"，俗语讲的"书呆子"或者高分低能，指的就是这类人。

我认为在小学教育阶段，智育的核心目标为：明确学习目标，培植学习者的"诚敬心"！在启蒙教育阶段，明确学习目标是首要问题，大致包含以下内容：认识自己，认识世界，成就自己，造福他人。"成己"和"成物"是一体的。激发求知的兴趣，学习获取知识的方法，是智育的动力。学会质疑，学会合作沟通等，亦蕴含其中。专注学习，珍惜时间，养成勤学的习惯，形成主动学习、积极探索未知的人格，是智育的要目。

## 一、诚敬为本

搞清楚求知的目的，比学会知识和技能更重要。从本质上来看，各门学科知识、各类信息之间，存在着千丝万缕的联系，其本质是帮助我们认识自己、探究世界的真相，根本作用是帮助我们形成正确的人生观。提升自己、造福他人，应该成为更多人求知的目的。概言之，呵护学生对宇宙人生真相的好奇心，培育并开发他们对他人的同情心、悲悯心，是激励他们不断求知、激发智慧的基础。陶行知先生说："……以诚为训育之本，亦以诚为智育之本。盖诚合成己成物而言，故格物所以致知，即所以致诚。""盖明知识之本源，然后乃能取之无尽；明知识之归宿，然后乃能用之无穷。若徒以灌输知识为务，而不求所以得其源流，则枯寂之弊所不能免，又安能尽物之性哉？"[①]充实自己，提高自己，与造福他人是一体的，在科技发明、理论研究、艺术创造等方面有突出成就的人，往往内心纯洁、光明，对未知世界充满好奇，淡泊名利，对他人的境遇、人类的命运怀有一颗悲悯的心。求知的背后，是一颗专注、精勤、恳切上进的心。

在中国古代，诚敬求学的故事比比皆是。孔子的学生颜回、曾子等，

---

① 陶行知：《陶行知全集》，第1卷，233页，成都，四川教育出版社，2005。

对老师发自内心的尊敬，犹如一道道光芒，穿越时空；《程门立雪》的故事之所以流传千年，打动人心的是杨时、游酢尊敬老师、诚心求学的心灵。诚敬心是智慧开发的基础；《送东阳马生序》向我们揭示了一个朴实的道理，那就是只要诚心求学，不怕困难，条件再苦也能学业有成。精诚动人，学理蕴含其中。

## 二、独立思考

学生独立面对学习任务，迎难而上，积极思考，主动质疑，是智育的重点内容。真正的智育，是以不断启发学生的独立性为前提的。独立思考，勤奋钻研，勇猛精进，才能不断进步。

在实践中，我提倡围绕"独立"这个要点展开教育。我与家长约定，除了起始年级外，逐步减少、尽量避免家长检查学生作业的做法。家长过多地帮助学生检查、校对甚至批改作业，不但会额外增加家长的负担，更为重要的是，会减少学生开发自己独立性的机会。我和同事在教学的各个环节，设置"质疑问难"等环节，让学生主动提出问题。学生独立提出疑问，比解决疑问更为宝贵。我们在中高年级倡导"先学后教"或"尝试学习"等教学法，提倡跨学科学习，倡导"玩中学、学中创"的教学理念；引导学生留心发现生活中的问题，独立展开思考，主动寻求帮助，自主分析问题、寻找资源。孔子曰："不愤不启，不悱不发，举一隅不以三隅反，则不复也。"[1]独立、自主学习是智育的起点。

## 三、合作沟通

能够主动沟通、善于与人合作是人的重要能力，也是智育的重要内容。一个人所拥有的知识和能力是有限的，任何一个人都不能离开其他人而独立生活。因此，学会沟通、善于合作、学会认知十分重要。联合国教科文组织提出，面向 21 世纪教育的四大支柱是学会认知(Learning to know)，学会做事(Learning to do)，学会共同生活(Learning to live together)，学会生存(Learning to be)，它们都包含合作能力的培养。在多个国家近年发布的课改报告中，沟通(Communication)、合作(Collaboration)能力，都是重点培育的内容。

---

① （宋）朱熹：《四书章句集注》，第 2 版，95 页，北京，中华书局，2012。

在小学教育阶段，底色教育视野下的教学观，非常重视培育学生的合作沟通能力，倡导"合作教学"，在教学中安排合适的团队协作项目或任务，引导学生各司其职，各尽所长，展开学习；实践"团体评价法"，小组包干劳动任务，开展"团队接力"的各类竞赛，教学时实行团体汇报制度，进行"小组合作阅读、写作文"等活动，把团队的成绩和个人的作用作为成员的最终成绩。在节假日活动中，我主张举办"假日小队"活动，鼓励成立"学习小组"，进行诸如社会调查、生态环保、爱心义卖等社会实践活动，旨在鼓励学生在更多的实践中提高自身沟通与合作能力。

## 四、全神贯注

专注力的培育，是智育的重点内容。没有持续的专注，就不会有智力的进步。在教学实践中，我着力培育学生的两个习惯：一是晨读的习惯。每日晨起或早晨到校的第一件事就是诵读古今中外的经典，定量、定时、有恒。要求专注，大声朗读，尽力做到心到、眼到、口到。"心到"主要是集中注意力，不断把散乱的心凝聚起来，专注于诵读的内容，要求熟读；"眼到"要求集中注意力，朗读清晰，句读读正确；"口到"要求做到读正确(不添字、不漏字)，读流利，停顿恰当，声音响亮等。无论是晨读汉语经典还是外语经典，专注力都在诵读中不断磨炼，其他诸如听说读思等能力的训练，亦蕴含在晨读之中。关于晨读，后文另有叙述，此处不过多展开。二是上课发言"接着说"的习惯。经过多年的课堂观察，我发现，当下的学生，喜欢发言者众，能认真聆听教师、同学的发言，经过独立思考后再有序表达的学生比较少。我提倡，引导学生养成"接着说"的习惯，即上课发言，先听清教师的要求，然后在听清上一个或几个同学的发言后，把他人的意见小结一下，表达赞同或反对等意见，再补充或阐述自己的意见，意在培养学生专注倾听的能力。在家校交流中，我经常建议父母带头在家专注学习，减少对学生的指令，避免过多干扰学生的学习、做事的状态。在学校教育教学中，我引导师生共读名人全神贯注做事、学习的故事，建议教师营造专注读书的氛围，明确学习的目的，营造学习的氛围。聚焦培养学生专注学习的能力，是智育不可忽视的内容。

## 五、勤学惜时

勤学惜时的好习惯，是智育的保障。这是在实践中体验而后得的。当我们勤奋学习、专注做事时，内心感到很充实；反之，当我们内心开始懈怠，整日无所事事时，内心会感到空虚。在小学阶段培育"勤学惜时"的好习惯，我经常从以下几个方面入手。

第一，提倡早睡早起，不睡懒觉，"一日之计在于晨"，培养勤学的好习惯，从"不晏起"开始。曾国藩认为，"不晏起"为治家的要点，也是去惰气的要点，这是人人都可以从实践中体验的，无须赘言。

第二，坚持实施"日记"教育，教师带头，引导学生养成记日记的习惯，主要目的不仅仅是锻炼学生的语言能力，更为重要的是引导学生定时反思，反思哪些事对自己的身心和学业有益。坚持久了，自然有利于学生的终身发展。

第三，引导学生体验学习的意义，教学生学会制订学习目标、学习计划并定期评价。定期评比勤学星，偏重学生学业进步的幅度而不是一味看重学业成绩等，都是值得尝试的办法。

对于学生的终身发展而言，智育的重点并不是教给学生知识，而是引导学生自主思考学习的目的是什么，习得学习的方法，提高自主调控学习进程的能力。

# 第二节　敬师：敬生智慧

尊敬教师不是外在的道德要求，而是每个人开发内在智慧和生命力的需要。《礼记·学记》有言："凡学之道，严师为难。师严然后道尊，道尊然后民知敬学。"[1]发自内心尊敬教师，以诚心去求学，是每个人内心的需要。精诚所至，金石为开，尊敬教师，诚心求学，是求学的前提。

## 一、敬师的意义

提倡敬师，根本在"敬"，重点在于培植内心诚敬的态度。在中国传统文化中，"敬"占有极其重要的地位。敬事而信、修己以敬、行笃敬、

---

[1] （清）阮元校勘：《十三经注疏·礼记》，654页，台北，艺文印书馆，2013。

执事敬、事思敬……对学习的态度，对教师的尊敬，关乎智慧的开发，也决定一个人、一个家庭、一个民族的未来。在现实生活中，有不少家长绞尽脑汁思考该如何给教师送礼，殊不知礼之本在"敬"！发自内心地尊重、理解并配合教师做好学生的教育工作，包容教师的不同意见与不足等，是礼的根本。没有对教师发自内心的尊重，师生之间的良好关系如何建立？没有对教师的真心敬重和包容，学生的德行和智慧如何开发？学生内心真诚、温厚的情感怎样培育？如果送学生到学校来求学，还怀着警惕的心态，最终影响的不仅仅是师生、家校的关系，更容易妨害学生身心和人格的健康发展。教育学生尊敬教师，开发的是"敬德"，这是人格成长、智慧开发的基石。

## 二、敬师的前提

教育学生尊敬教师，前提是教师自身爱岗敬业。发自内心关爱学生，精勤钻研教学业务，与学生和家长真诚合作，是每一位教师的职责。师生、家校之间相处，贵在真诚，这种真诚，是"由内而外"的，而非做给他人看的，所谓"心诚求之，虽不中不远矣"①。每个人的能力都是有限的，只要用一颗真心尽力去做，做不到或做得不理想就如实说，互相之间真诚沟通，一般都能彼此理解和尊重。教师的敬业精神还体现在高超的教学技能上，我所在的学校长期倡导这样的理念："微笑，微笑！用爱与责任珍惜每个学生的生命年华。沟通，沟通！用'假如我是孩子，假如是我的孩子'的观念修整自己的态度、言行，传递教育的力量！"诚心对待学生，坚持钻研教学技能，充实、提升自己，是每一位教师应有的态度。我长期倡议同事，坚持读书锻炼，在业务上精益求精；对学生以诚为本，坦诚相待，不懂的问题不要装懂，实事求是。我还组建教师成长共同体，建设青年教师读书会，激发教师爱岗敬业的热情，提高教师的业务能力。修养师德，培育诚心，发展业务，就是"敬业"的具体表现。

## 三、敬师的要义

学生尊敬教师，不是一味地唯唯诺诺、单向接受，我更提倡内心诚

教育的底色

① （宋）朱熹：《四书章句集注》，第2版，9页，北京，中华书局，2012。

敬、互相学习、共同进步的新型师生关系。我坚持打开校门办学，与家长及社会各界人士一道，互相学习，通过"教育议事会"等方式加强协作，共同进步。孔子曰："当仁不让于师。"[①]讲的就是这个道理。我推崇的"好课堂"，是师生平等、真诚讨论、互助合作式的课堂。学生敢于自主探究，敢于主动提出问题，敢于和教师、同学平等地讨论学习中的问题，是好课堂、好班级的重要特征。课堂上学生缺乏独立思考或无人主动提问，师生之间的交流以单向为主等，都不是好课。我设立校长信箱、校长(行政)餐桌、校长接待日等，长期坚持"家长议事会"制度，目的是增加学生与学校行政人员、教师交流的机会，倾听他们的心声，鼓励他们与学校平等对话，只要是合理的，学校就积极采纳；即使说错或讲得不够合理，也要积极鼓励。我定期下发师生和家长问卷，彼此开展真诚对话，定期让学生代表给学校和教师提意见。

## 第三节　勤学：勤无难事

一勤天下无难事！养成勤学、惜时等良好习惯，对一个人的终身发展十分重要。勤学的品质和习惯，是智育的重要内容。

### 一、勤学，源于生命力的开发

不少家长和教师常常抱怨学生学习不努力，读书不勤奋，殊不知这只是表现出来的结果，根源是学生的整个身心状态、家庭的氛围、父母的言行以及教养方式等。我常常听到部分家长的抱怨，说孩子写一篇作文，喜欢磨洋工，往往半天都写不完，送到培训班，学过的题目能应付着写，换一篇作文依然难以下笔，不知道该怎么办。细细分析，问题的产生往往有着"身心"以及家庭环境等多种原因：家长忙着应酬，忙着刷手机、看电视等，使孩子勤学习惯的培养少了示范的力量，多了负面的熏习；学校学习不轻松，课后培训班不少，家长还想着给孩子布置额外的作业，购买各类教辅资料，可考虑到孩子内心是否有反感、厌学的情绪？一天到晚忙着学习，孩子本就缺乏亲近大自然、亲身参与社会实践的机会，没有体验，源头枯竭，作文能写得出来吗？不少孩子手部肌肉

---

① (宋)朱熹：《四书章句集注》，第2版，169页，北京，中华书局，2012。

发育不成熟、手眼不协调、颈椎和腰椎疼、精力不济、睡眠不足等，学习能好吗？很多孩子读书较少，积累匮乏，没有了实践体验和阅读积累，想要从容下笔，只能是妄想。

我认为，培养学生养成勤学惜时的习惯，必须从身心下功夫，引导学生树立远大志向，坚持锻炼身体。学习节奏张弛有度，身心状态蓬勃向上，勤学是自然而然的事。

## 二、勤学，重在激发积极的体验

勤学不是外来的道德说教，而是由内向外的身心体验。全神贯注读书、全力以赴做事，虽然很忙，但内心觉得踏实，身心愉悦；晚睡晚起，忙着刷手机、看电视、嬉戏玩耍聊天等，等到快感一过去，容易感到空虚。曾文正公说："身体虽弱，却不宜过于爱惜。精神愈用则愈出，阳气愈提则愈盛。每日作事愈多，则夜间临睡愈快活。若存一爱惜精神的意思，将前将却，奄奄无气，决难成事。"[1]

激发勤学的积极体验，以身心为主线，贯穿在学习、生活的全过程之中。早上一到校，在教师的指导下，班级同学坚持晨读经典，琅琅的读书声悦耳动听，勤学的氛围激励人心。设立学习合作小组，先进帮助后进，小组间你追我赶不甘落后，从起点看变化，互相学习，共同进步。设立小型体育运动会，倡导晨练，鼓励养成坚持锻炼的习惯，线上打卡，线下集训，互相激励，和合增上。

## 三、勤学，贵在养成持久的习惯

一勤天下无难事。曾文正公有言："人生惟有常是第一美德。余早年于作字一道，亦尝苦思为索，终无所成。近日朝朝摹写，久不间断，遂觉月异而岁不同的。可见年无分老少，事无分难易，但行之有恒，自如种树养畜，日见其大而不觉耳。"[2]我提倡师生共读，推动建设书香班级，精心组织教学过程，在愉悦、充实的学习体验中，养成勤学的习惯。愉快、持久的勤学体验，是不断进步的基础。我倡导亲子阅读，逐步发现并介绍、推广家庭读书经验。组织学生之间、小组之间、家庭之间等建

---

① （清）曾国藩著，梁启超辑：《曾文正公嘉言钞》，46 页，北京，中国书店，2017。
② （清）曾国藩著，梁启超辑：《曾文正公嘉言钞》，76 页，北京，中国书店，2017。

立伙伴关系，定时坚持打卡，组织交流展示，并关注学习者内心的学习体验，因为由内而外的学习状态才会持续得更久。

勤学的品质，最终落实在好习惯之中。

# 第四节　专注：全神贯注

有经验的教师，往往有这样的体会：刚接手一个班级，很快就能发现哪些学生的学习成绩优秀，身心状态俱佳，因为优秀的学生听课专心，发言积极，学习效率高。

我认为，专注是智育的关键！古往今来，凡事业有成者，无一不具有专注的特质。心无杂念，全神贯注，排除干扰，全力以赴，是学习、做事的基础。在基础教育阶段，培养学生的专注力非常重要。

## 一、专注力的培养，以逐步明确学习目的为要

目的不明确，就像大海航行没有指南针，走路没有地图、路标一样。曾文正公说："士人第一要有志，第二要有识，第三要有恒。有志则不甘为下流，有识则知学问无尽，不敢以一得自足，有恒则断无不成之事，三者缺一不可。"[1]逐步明确学习的目的，实在要紧！

读书，主要是为了充实自己，开发内心本具的明德，努力做一个俯仰不愧于天地的人，这是专注力开发的源头。学习不同的学科、丰富多彩的知识，归根结底是为了帮助我们认识自己、了解世界，进而开发自己，帮助他人。如果仅仅为了记住更多的知识，是没有实际意义的。读书的目的是向内的。不少学生甚至成年人，常常认为读书是为他人读的。为父母读，为教师读，为分数读，为获得外在的荣誉、地位、财富而读……读书向外，往往不长久。我与同事长期坚持实践科创和人文并重的"玩创教学"，引导学生从身边感兴趣的现象和真实存在的问题入手，诸如"学校餐厅的厨余垃圾怎么称重、统计？""怎么认识校园里的植物并制作名牌？怎么组织认养？""怎么有效清除厕所的异味和地面的污渍？""不同的中草药怎么种植、认养？""看上去浑浊不清的水里，怎么鱼儿还游得那么欢快？"……这些真实的问题，是专注力培养的切入口。真实的

---

① （清）曾国藩著，梁启超辑：《曾文正公嘉言钞》，40页，北京，中国书店，2017。

学习场景，跨学科、跨学段的知识需求，跨领域的资源组合，能更好地激发学生分析问题、改变环境的兴趣。如百草园种植课程、厕所劳动课程等，都锻炼了学生的实践能力，培养了学生的专注力。我们开发"月湖小导游""校园(校史)解说"课程，创设多种机会，让学生查询、整理资料甚至实地探索学校；让学生以小主人的身份，为前来参访的国内外来宾介绍学校和天一阁，在真实的讲解、交流过程中，学习活泼泼的知识，开发语言表达、人际交往、资料整理等能力，提升听说读写思等多方面的能力。做中学，学中做，专注力的培养蕴含其中。

## 二、专注力的培养，从身心训练入手

结合长期的教育实践，我发现，身体的开发是专注力培养的基石。不少学生好动、注意力不集中，是由身体原因引起的，如以下案例。

小鹏上课注意力不集中，喜欢晃来晃去，脸部常常做出一些怪异的表情。经过详细询问和多次家访、与家长交流等，教师发现小鹏的龋齿问题比较严重，牙齿疼痛、不适的时候，他经常用舌头去舔龋齿的洞。这逐渐成为影响他注意力集中的原因之一。浩浩上课听讲的时候经常发出怪异的声音，打嗝频率很高，教师建议家长带他去专科医院治疗之后，他的上课状态好了不少。小彬比较肥胖，一年级才入学，体重就将近一百斤，平时对父母和其他长辈脾气差，与同学常常起冲突。教师深入了解后发现，小彬经常不高兴，同学也爱拿他的体重开玩笑。过重的体重，确实会影响孩子的专注力乃至身心状态。小丁吃饭挑食，喜欢吃的菜吃很多，不喜欢吃的菜胡乱应付，有时上课时饿着肚子，学习时也不专注，教师仔细了解情况后发现，饮食习惯不良导致肠胃功能弱是一方面原因，父母等长辈的教养方式不良(如宠溺)等是深层次的原因。

开发智力，往往从身体入手，引导学生坚持锻炼，与家长一起关注并提高学生身体状况。

## 三、专注力的培养，蕴于日常的学习活动中

我认为，专注力的训练，应该融于学生的日常活动中。脱离真实的学习、生活环境去训练专注力，很容易产生流弊。比如，我非常重视对师生的"熟读"训练，熟读的内容以语文、英语、科学等教材为基础材料，以古今中外的经典如《论语》等为重点内容。熟读的训练方法是每天定时、

定量朗读，持之以恒。朱子所说的读书三到(心到，眼到，口到)，"心到"大致指的就是克服杂念、排除妄想、专注读书。"眼到"训练的不仅仅是眼睛对语言符号的扫描速度，还有理解、断句等。"口到"主要指朗读正确，不添字、漏字，不读错字，不破句等，嘴巴读出声音了，耳朵自然会得到训练。天天坚持专注朗读，把专注作为重点的评价内容，把"读正确，读流利，读熟练"等作为评价指标，久而久之，朗读者专注力的提升也是自然而然的事。古语说"书读百遍，其义自见"。要提升感受、理解等能力，关键是持续专注，坚持用功。又如，我们引导学生认真听教师和同学的发言。每天的晨练或体育活动时间，是训练专注力的好时机。一日之计在于晨，早起晨练，专注于自己的呼吸、跑步节奏、身心感受等，坚持久了，能体验到身心合一甚至忘我的状态；专注参与投篮、足球射门、跳绳等运动，或者参加团队拓展活动，屏息凝视，杂念全无，自然能体验到专注忘我的状态。

### 四、专注力的培养，需养成高雅的兴趣和审美观念

学生是否专注的原因是多元的，有外在原因，也有内在原因；有自身原因，也有家庭原因；有个体原因，也有所在班集体、小组的风气等原因。经过长期实践观察，我发现学生低俗的兴趣爱好、不良的生活习惯等，是影响专注力开发的重要因素。例如，打游戏、看网络小说等，是阻碍专注力开发的常见因素，沉迷于游戏，不但影响作息，影响身体，还会导致学生对学习的兴趣直线下降；喜欢低俗的音乐，沉迷于游戏，也会让学生心中的杂念增多。培育高雅的兴趣和审美观念，竭力摒弃低俗的兴趣，是辅助开发专注力的重要方式。在校园或家庭中，应播放一些高雅、轻柔的古典音乐，因为好的音乐能净化心灵、陶冶情趣、克服杂念。喜欢读书，定期去野外郊游，亲近大自然，多与正直、善良的同学交朋友，是专注力开发的必要条件。

当然，智育要目远不止上述几种。在小学教育阶段，从身心根本上着力，从专注、勤学、培养敬德等基本要素上下功夫，着眼的是根本，是长远，打下的是基础的底色。

启智教学，方法多样，众说纷纭。有指向课内教学的，也有指向课外教学的；有指向学生的，也有落脚于家长的；有扎根于课堂的，也有引导走向自主学习的。启智教学，贵在得要！笔者认为，小学启智教学，

首先当以坚持激发学生树立光明志向，激发学生的求知欲和同情心为核心；其次以培育学生持续专注和勤学惜时等品质为重点，不断引导学生养成良好的学习习惯。此处仅以晨读、诗教、玩创教学等为例，谈谈我和团队的粗浅探索。

# 第五节　晨读：心到，眼到，口到

智育之要，首在立志。其次，以培养"专注"为重点，全神贯注，勤学精进，持之以恒，久久为功。功夫到家了，进步也是自然而然的事。那么，该怎样践行呢？结合实践体验，我认为，坚持"晨读"是值得尝试的办法。

所谓"晨读"，指的是在教师、父母的身教带动下，学生在早晨的某个时段(一般以早晨六点为佳；实在困难的，利用学校早读时段也可)，以每日半小时左右为度，专注诵读古今中外经典，特别是中华优秀传统文化中的经典内容，坚持用功，熟读成诵。

## 一、意义

### (一)培养专注的学习品质

长期的教育实践表明，大部分学生的智商差别并不大，决定学生学业甚至身心发展的关键因素是学习品质，如自制力、意志力、持久性等，这些良好的学习品质，最终表现为良好的学习习惯。其中，专注等学习品质，是智育的核心内容。我坚持倡导晨读活动，目的是通过引导学生坚持"心到，眼到，口到"地诵读，不断磨砺学生的专注、有恒等学习品质，进而开发其学习潜能。晨读需要做到读正确、读流利，需要持续专注于诵读的内容。心不专注，必然读不正确，只有不断克服杂念，才能做到持久专注；眼不专注，容易读错、读漏，甚至颠倒顺序、停顿不当，只有眼睛持久专注于诵读材料，完成扫描、解码并正确断句，才能读正确；口不专注，诵读必然会失误，只有专注于此并配合心到、眼到，才能做到发音正确、口齿清楚、声音响亮、朗读流利。每天坚持晨读经典，训练的不仅仅是专注、有恒等学习品质，还有早起、勤学、自律、自主发展等品质。

### （二）为学习与生活奠定良好的基础

语言是思维的载体，听说读写思都需要运用语言。坚持诵读典范的语言材料，读到其言皆若出于自己的口，其意皆若出于自己的心，如此坚持用功久了，经典的语言才有可能逐渐化为自己的语言，学习、工作、生活才可能奠定扎实的基础。从心灵修养的结构来看，逐步思考并确立正确的学习目的和人生志向，以先贤的言行作为自己为人处世的准则，是学习知识、磨砺能力的基石。坚持晨读经典，要在熟读的基础上，努力将先贤的言语转化为自己的言行。

### （三）营造积极向上的家校读书氛围

俗话说，"上梁不正下梁歪"。孔子曰："其身正，不令而行。其身不正，虽令不从。"[①]我们之所以让教师、父母带头晨读经典，坚持身教言传，以自己的言行作为教育的力量，带动家风、校风、班风的改变，进而带动学生的进步，正是源于"身教"这个原理，这是活泼泼的实践学问。从 2017 年开始，我尝试在学校成立经典读书会，倡导让教师和家长带头晨读，并定期作读书分享。几年下来，近百户家庭取得了进步。另外，读书也要高度重视"熏习"。所谓"近朱者赤，近墨者黑"，经典内容天天口诵心惟，日日熏陶，使师生和家长共同进步，这是教育的真力量。

## 二、方法

晨读的方法，主要是坚持诵读、切己躬行。专注诵读，努力做到"心到，眼到，口到"。在熟读的基础上"切己"，坚持践行。

熟读。古语有言，"书读百遍，其义自见"。结合自己的读书体验，我们常会发现，之前不甚理解的文章，反复诵读之后，突然某一天就会恍然大悟；我们通过诵读体会文章的语气、语调、节奏、语速，甚至隐含的深层含义。朱熹说："大抵观书先须熟读，使其言皆若出于吾之口；继以精思，使其意皆若出于吾之心，然后可以有得尔。然熟读精思既晓得后，又须疑不止如此，庶几有进。若以为止如此矣，则终不复有进也。"[②]这是实践而后得的。如果读书只是匆匆看过，是很难留

---

①　（宋）朱熹：《四书章句集注》，144 页，第 2 版，北京，中华书局，2012。

②　（宋）朱熹：《朱子全书》，第 14 册，321 页，上海，上海古籍出版社，2002。

下深刻印象的，更不用说转化为自己的语言和言行方式了。在教学中，教师可以留心观察，不少学生看书不少，但所得很少；不少学生学习很用功，但专注程度不足，效率不高。如果反复专注诵读，功夫到了，诵读材料中的语言就会逐渐转化为自己的语言。如有学习表达的需要，就仿佛从自己内心流淌出来一般，自然而然。熟读之中有深意。在晨读过程中训练专注的品质，并能在学习、生活中一以贯之、举一反三。

切己。学和习是一体而不可分割的。"习"，《说文解字》解释为"数飞也"，意思是鸟类频频拍动翅膀试飞。"学而时习之，不亦说乎"揭示的就是这个道理。曾国藩在给其儿曾纪泽的书信中这样写道："汝读《四书》无甚心得，由不能虚心涵泳，切己体察。朱子教人读书之法，此二语最为精当。"他认为，"涵者，如春雨之润花，去清渠之溉稻""泳者，如鱼之游水，如人之濯足"①。这样的比喻形象生动，乃有得之言。朱熹认为，"切实为己"是读书之要，少看熟读，反复体验，不必多想。读书要以熟读为基础，但更重要的是结合实践反复体验，久久为功，才能有得。"躬行"是读书的关键方法。读书求学问，然后踏踏实实地运用在做人、做事、做学问上。比如，敏而好学，不耻下问，是学习者应该有的内心状态，内心谦下不是装出来的，而是身心、学业不断取得进步的前提条件。越有智慧的人越能保持勤学上进的学习状态。一旦内心有了骄傲的情绪，那么进步的可能性就会不断减少，所谓谦虚使人进步，骄傲使人落后。又如，"不愤不启，不悱不发"，这是孔子教诲我们的教学要领，也是他自己求学的要点。如果学生没有真诚恳切的求学意愿，我们教再多也会缺乏效果，填鸭式的教学，弊端就在于此。学生自己学习也需要下定决心，真诚恳切求学。关键时刻教师的一个点拨，往往会使学生豁然开朗、一通百通，这都是体验而后得的，切己躬行是读书的重要方法。

## 三、内容

晨读的内容，建议以适合小学生阅读的经典类书籍为依据。经典诗歌作品、经典名著、格言警句等，都可以作为晨读的内容。另外，语文教科书、阅读教材中的篇目也可以成为晨读的内容。

---

① （清）曾国藩：《曾国藩家书》，226～227 页，长春，吉林大学出版社，2011。

　　我选择晨读内容的标准主要有两条，一是经得起时间考验的经典作品，二是符合学生的身心发展规律。例如，中华经典诗歌是我选择的重点内容之一。经典诗歌，是好的语言教育素材，也是引领学生学习并传承中华优秀传统文化的良好载体。凝练的语言、优美的韵律和节奏、深厚的文化意蕴，都是滋养学生成长的文化养料，其根本，在于对学生进行良好心性的熏陶和感染。教师可以针对不同年龄学生的身心发展特点，选择适合的诗歌，如低年级主要以写景，如描写动植物及四季变化的诗歌为主，一般选择短小的诗歌，突出趣味性；中年级适当增加篇幅略长的诗歌；高年级主要以名篇为主，适当选一些哲理诗。这样的诵读，融语言教育、文化熏陶、人文精神培育等为一体，很有意义。又如，古今中外的其他经典，也是我们选择的重点来源，如中华优秀传统文化中的《论语》《孟子》、名家翻译的《伊索寓言》等。

# 第六节　诗教：兴于诗

## 一、背景意义

　　中华"诗教"传统源远流长。党的十九大报告指出，深入挖掘中华优秀传统文化蕴含的思想观念、人文精神、道德规范，结合时代要求继承创新，让中华文化展现出永久魅力和时代风采。在全面落实立德树人根本任务，传承中华优秀传统文化，坚定文化自信的当下，如何继承并发扬"诗教"传统，提升小学教育的育人成效和教学实效，是非常值得探索的。

### (一)诗教是学习语文的需要

　　从学生学习语文的角度看，经典诗歌是对学生进行语言教育最好的素材。经典诗歌的语言凝练精准、节奏鲜明，富含音韵之美，蕴藏着民族文化的基因，不仅是学生学习语言的重要素材来源，还是习得言语表达技巧的重要"例子"。2019年秋季起，在全国义务教育阶段全面推行的统编教材，强调对中华传统文化的学习，重视传统文化的传承。小学一到六年级12册教科书的古诗文比重增加。开展"诗教"启蒙教学，对接统编教材，让学生在语言发展的黄金期接受经典语言启蒙学习，对学生语感的培养、表达技巧的提升都大有裨益；另外，还能有效应对数量剧增、难度骤增的古诗文带来的阅读压力。

### (二)诗教是润泽人格底色的需要

从学生人格培育的角度看，小学生处于人格培育的启蒙时期。"少成若天性"，蒙以养正。在童蒙时期进行"诗教"，是启发学生内心本具之真善美本性的重要方法。"诗教"的根本目的并不是要把学生个个都培养成诗人，而是要以诗的真善美来办学校和育人。正如陶行知先生所说："我要把育才办成一个诗的学校……我要以诗的真、善、美来办教育。我并不是要学生每个都成为诗人，那太困难了。但我却要由我们学校做起，使每个同学、先生、工友都过着诗的生活，渐渐的扩大出去，使每个中国的人民、世界的人民，都过着诗的生活。"①

### (三)诗教是传承文化的需要

从传播学的角度来看，古诗文的教者和学者都是传统文化的传承人，他们将优美的语言有机整合，实现着民族文化的传承延续。中华优秀传统文化是我们文化自信的出处。民族的语言即民族的精神，民族的精神即民族的语言，二者的统一程度超过了人们的任何想象！古诗文中寄托的是民族文化，如"千里共婵娟"的月亮文化、"高山流水"的知音文化、"杨柳依依"的送别文化……随着经济全球化步伐的日益加快，国外各种思潮纷纷涌入，中华优秀传统文化面临严峻考验。引领学生诵读经典，在他们的精神田园里播下传统文化的种子，使他们树立文化自信，是当代教师义不容辞的责任。

## 二、目的

诗为教始。广义的诗教是指诗歌教育，是以诗歌来培养受教者的情感、熏陶受教者的心智的教育方式，是以诗歌的方式在学生的血液里融入民族文化的基因，播下民族精神的种子。

"诗教"的根本目的，并不是要把学生个个都培养成诗人，而是要以诗的真善美来办学校。唤醒学生内心深处的真善美，带动学校向"至诚"的方向发展，营造真善美的校园文化，为学生打下真诚、明善的人生底色，这是我们的教学目的。

---

① 陶行知：《陶行知全集》，第 4 卷，442 页，成都，四川教育出版社，2005。

我期待，通过诗教的实践探索，形成中华优秀传统文化启蒙教育的课程群落和实践路径；根据学校实际情况，制定"中华经典诗歌诵读"校本课程纲要，编印各年级校本教材，整理总结课程实施中的案例及故事，形成教育成果；找到适合学校发展的诗教实践模式。

## 三、诗教的基本思路

### (一)理论探索奠定基础

对诗教的概念、定义、关系等进行研究，包括从教育心理学和教育学等多角度对诗教的效能进行研究，对诗教、中华优秀传统文化的理念和概念进行界定，对影响诗教有效性的关键因素进行研究，对经典诗歌与课内外教与学有效化的关联进行研究等。

### (二)环境创设营造氛围

在学生的日常生活中，呈现经典诗歌、诗词赏析等内容，使学生时刻浸润在诗歌的海洋中，耳濡目染受到经典文化的熏陶。

### (三)研发课程凸显特色

将国学启蒙纳入学校"七彩阳光"拓展性课程；以《广济"中华经典诗歌诵读"校本教材》为依托，开设"中华经典诗歌诵读"课程，使一至六年级的学生利用晨读时间，每天诵读经典诗歌；每周开展拓展课程进行深入学习。

### (四)指向育人形成文化

从诗教出发，启动传统饮食文化课程、中草药及校园植物志课程，开展调查、研究、实践、拓展等综合性学习，深入开发诗教的育人价值，促进学生的全面发展。

## 四、诗教的主要内容

### (一)环境构建

在校园的楼梯拐角、走廊等处增设开放式书架，供学生在课余时间开展阅读活动；在植物园中悬挂与植物相关诗句的条幅，帮助学生了解植物。红领巾校园广播开设《诗词诵读》栏目，由学生自主选择(或推荐)篇章，自行研读，理解篇章意思，了解文学常识，然后通过广播与全校同学共同研读学习，借此向学生普及中华经典古诗词。

### (二)课程设计

"中华经典诗歌诵读"课程以诵读为主，引导学生直面经典，坚持诵读，体会中华经典诗歌的魅力；挖掘与时令节气、传统节日相关的诗歌，开发传统饮食文化课程；链接与植物相关的诗歌，开发中草药及校园植物志课程，形成传统文化课程群落。

### (三)教材编写

编写《广济"中华经典诗歌诵读"校本教材》。以"经典"和"儿童"为尺度，上至《诗经》，下至唐宋诗词名篇，针对不同年龄学生的身心发展特点编选诗歌。低年级主要以写景，如描写动植物及四季变化的诗歌为主，突出趣味性；中年级适当增加篇幅略长的诗歌；高年级主要以名篇为主，适当选一些哲理诗。

### (四)策略优化

对诗歌促进中华优秀传统文化传承的有效途径、形式、方式和模式进行研究与实践探索。主要包括如何在校内营造诵读风气，并以诵读为载体，提升校园文化；如何采用活泼的形式带领学生激活和唤醒经典诗歌；如何处理教材和诗歌作品的关系，使诗歌诵读材料成为语文学习的有效资源；如何通过家校互动培养学生的诵读习惯，带动家庭诵读；如何以活动为载体进行诗教的展示、评价等。

## 五、诗歌读本

《广济"中华经典诗歌诵读"校本教材》共有六本，既有按照诗人分类的编写，也有按照主题的归类整理；既有同一诗人不同主题、不同时期的作品，也有不同诗人同一主题的作品，还有同一篇作品在几个年级的不同教学。在诗歌的编排顺序上，由短到长，兼顾内容上由易到难等梯度。在编排中，还考虑内容与实际教学时间、时令节气和季节等元素的相关度，努力让学生日积月累，循序渐进，丰厚积累。六本教材分别与六个年级对应。整套读本共收录 629 首古诗词，分必修、选修来进行，其中 533 首古诗鼓励学生进行背诵。学有余力的同学可以挑战选修部分的内容。

编选诗歌教材，在体例上以"简"为主：撰写简要的导语，注明作者和出处，提供难字注音和难词的基本解释。我们不提倡提供详细的注释，主要想引导学生直面经典，坚持诵读，发挥想象，自主品味中华经典诗歌的魅力。

教材的使用方法，以诵读为主，力求做到"心到，眼到，口到"，争取熟读成诵。在诵读时，可以采取听读、跟读、接力读、轮流读、变换节奏读、配乐读、自由读、小组读、集体读等方式。在诵读数量上，坚持每天一首，轮流滚动、螺旋前进，日积月累、坚持不懈。不提倡过度讲解，可以进行简单的拓展，组织开展有节奏、有韵律的诵读活动。

建议引导学生自主做好诵读记录，尝试做好记录卡，同学、教师、家长可以对学生进行评价，鼓励熟读成诵。诵读的时间，主要是晨读时、拓展性课程开展时间等。要将诵读因时因地地融入学校的教育教学活动中，融于课堂教学中，不要增加学生的额外负担。

诗教教材的主要运用方式是丰富多彩的。运用校园环境、微信公众号等学生喜欢的方式来营造诗教环境，引导学生将经典诗歌融入生活，在熟悉的环境中诵读，在有趣的情境中运用，可以迅速拉近诗歌与学生的距离，更好地让经典诗歌润泽学生成长。如在端午、中秋等传统佳节选取相应的诗歌，在立春、夏至等传统节气选择合适的诗歌，在枇杷、桑果、杨梅、桃子等水果成熟的时节选取相应的诗歌，让学生一边玩儿、一边吃、一边诵读。又如，在校园的竹林中，悬挂关于竹子的诗，竹园的清幽、整洁，与竹诗中蕴含的精神品格相得益彰，以生活化的方式引导学生诵读。

## 第七节　玩创教学：玩中学，学中创

义务教育阶段是培养学生科创素养，培植学生创新精神的启蒙阶段。近年来，尽管科技创新日益受到重视，但不免存在种种问题，主要体现在：教学观念上，重功利，轻素养。繁多的竞赛中，"多出成绩，快出成绩"的功利心严重，"放眼学生的终身发展，为学生打下一辈子受用的科创素养"的信念缺失。课程设置上，重单一，轻整合。科创课程仅仅靠单一学科是远远不够的，如何把信息技术、数学、艺术、语文综合实践等课程，整合到科创教育中来，已迫在眉睫。教学主体上，重个体，轻整体。每一个学生都有创新的潜能。那种依靠培养拔尖学生，而忽略全体学生参与的创新教育，很难有长远成效。教学方法上，重认知，轻实践。教学讲授多，实践探究体验少，导致学生缺乏学习兴趣，创新与实践能力低下。价值取向上，重技术，轻人文。把学生学习成绩好当作成功的标准，忽视背后更为重要的人文精神的培育。教学资源上，重硬件，轻内涵。对各类创新实验室、科创项目投入资金，但课程开发不到位，着力打造的实验室最终沦为"展览馆"。空有资金投入，缺乏实践，更缺少基于真实教学过程的案例积累。

基于上述思考，我和同事多年坚持开展玩创教学，致力于让更多学生能在快乐的玩耍中进行玩创实践，唤醒每个学生内在的创新潜能，为每一个学生提供合适的创新教育，培育学生适应未来的核心素养。

## 一、理念

创新绝不是少数天才的专利。一个会玩的学生，可能是未来需要的人才，我们在玩创课程的动态生成和展开中实现师生完整、丰富的生命意义。我的信念是："让学生的创意和人格更好地生长，每个学生都是创客，生来如此。"

我所在的学校以"玩中学，学中创"为教学实施的有效路径。"做中学"是 2001 年国家启动的科学教育改革项目的简称，国际上统称为探究式科学教育。"探究式"学习是"做中学"的核心价值。尽管这个改革已经过去二十多年，我们依旧认为其理念很重要。"玩中学"更注重培养学生的科学精神和动手能力，从而激发学生的创新能力和创新热情，使之"学中创"。玩创过程培育了学生的团队合作精神，也是科学启蒙教育的重要形式。

## 二、实践方法

### (一)基于"玩创园"建设的校园人文和自然环境改造

#### 1. 营造全息式的校园环境

我们在玩创教学核心理念的指导下，对校园进行了整体设计，以充分发挥校园文化对学生的影响，让学生玩得开心。校园就是一个玩创园。

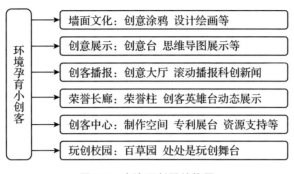

**图 2-1　广济玩创园结构图**

**2. 搭建开放的实践平台**

小太阳玩创节。培养学生积极探索、勇于创新的科学精神，让学生在活动中体验创新的快乐，增强创新实践能力。

小太阳科技运动会。培养学生的健康意识、竞争意识，以及责任担当和团队合作、交流的能力。

玩创冬令营和夏令营。设置小比特、Scratch 入门、3D 人像扫描、3D 打印、航模拼装、头脑风暴、创意点亮生活项目等，让学生在丰富多彩的活动中体验科学创新过程，感受多学科融合的乐趣。

**3. 创建家校一体协作模式**

通过玩创实验班、玩创亲子游等活动的开展，形成一条家校合一的学习链，创建家校一体协作模式。我们将学校教育和家庭教育合二为一，使家校成为有机的玩创教学整体。

玩创实验班："基于物联网的家＋图书馆项目"在学生手中诞生。

玩创亲子游：学生离开校园，与爸爸妈妈一起走进更为广阔的大自然，去创想与实践，去感受玩创的快乐！"创客项目思维导图绘制""创想链接生活"等吹响亲子游集结号；亲子之间的互动无限，各种奇思妙想，碰撞出创意的火花。智能节水提示器、小太阳义卖活动智能计币器等多个创客作品的原型陆续完成……

**(二)基于"成长共同体"理念的师资团队建设**

教师全员参与引领。玩创课程的开发涉及不同的知识体系，且关注共同要素，这就需要不同知识体系下的教师个体联结起来，共同围绕相关主题开展工作。语文科学(天气)融合课、音乐科学(声音)融合课、数学美术(图形)融合课等多种融合课程的实践与推广，形成了浓厚的教师合作氛围。

学友群互相协作。玩创课程根据学科特点、学生个体差异给予不同学习能力的学生不同的发展空间，使学生在各自的空间里成长并承担起团队职责，在玩创实践中，既实现个性化学习，又实现共享与合作。

高校、研究院的技术支持。中科院宁波信息技术应用研究院、宁波工程学院、深圳柴火创客空间，都为学校提供了从课程到技术乃至材料与设备的大力支持。广济创客中心于2015年全面建成，到如今，专家引领着小创客们实现了一项又一项专利作品的诞生。

家长团队的全程融入。家长从观望到参与，再到融入，家长团队与玩创课程共成长；而广济丰富的资源，也因为家长的加入和支持得到了进一步的优化。

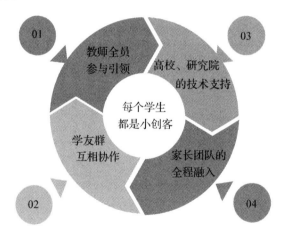

图 2-2 "成长共同体"师资团队

### (三)基于"个性化"的玩创课程和"生长型"课堂的范式构建

我和同事从多元角度看待玩创教学，在"个性化"的玩创教学课程基础上，搭建"生长型"玩创课堂范式。

#### 1. 与国家课程有机整合

广济全面落实国家课程方案，在学科课程中进行嵌入式融合，做到普及中有整合。从多年前开始的综合实践课程、信息技术课堂，到现在的学科融合，我们努力将玩创课程通过跨学科的教学活动与国家课程无缝对接。

基础课程中，科学教师将校园百草园的中草药植物有机融入科学课的植物单元，与五年级的中医课程完美结合。音乐课上，音乐教师请来科学教师，与其一起串联声音单元。于是，身边的小物件变身为迷你小乐器。数学教师与美术教师亲密合作，将图形单元联合送出，数字与艺术相结合，课堂热情空前高涨。信息教师和美术教师合作，整合美术学科的绘画、劳动技能和电学知识，如《聪明漂亮的纸台灯》一课，教师把工程技术的实践应用和美术中蕴含的人文素养结合起来，既培养了学生的动手能力，又提高了他们的审美情趣。

以科学课的"气压"为主题，我们以学生创意为起点、学科拓展为基础，进行基础课程的跨界整合，探究"气压与海拔的关系"。该研究涉及数学、信息技术、科学、语文知识。学生通过理论研究、数据分析和程序设计完成了气球实验，经过记录反思，收获属于自己的"气压"知识。

**2. 拓展课程梯度设置**

广济的玩创教学设置了多梯度的课程结构，使内容富有包容性和张力，如图2-3所示。

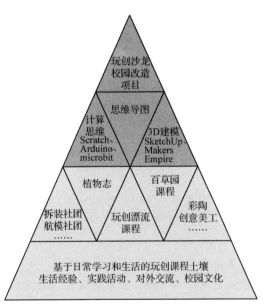

**图2-3 广济玩创课程金字塔结构图**

(1)梯度一：致力于培养全体学生科学素养的玩创普及课程

学校传统的拆装社团、航模社团、彩陶、创意美工、OM（头脑奥林匹克）社团等均被列入 STEAM（Science、Technology、Engineering、Arts、Maths 的首字母缩写）系列普及课程体系，除了这批"原生"的玩创课程之外，我们还开设了中草药特色体验课、玩创漂流课程及小太阳玩创节，通过探究与动手实践，玩出乐趣、玩出创意。

(2)梯度二：面向玩创达人的结构化、项目式课程

通过玩创普及课程，广济涌现出一大批对玩创活动怀抱极大热情的学生。针对这些学生的需求，学校整合了各类玩创社团，使之更加结构化，旨在以项目式课程的方式，让学生进行探究式学习。

**3. 课堂范式激励生成**

我们致力于打造符合学生成长天性的"生长型"玩创课堂范式，如图2-4 所示。

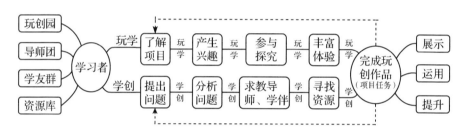

图 2-4　"生长型"玩创课堂范式

其他的教学范式有以下几类。

(1)问题导向式

学生根据自身能力选择合适的团队，分工协作探究解决与生活相关的科学问题，理解和掌握新知识。学校通过这样的方式使每个学生在有趣的科学探究活动中，提高科学创新能力，感受成功的快乐。下面以一次"问题导向式的科学课"为例。

广济中心小学坐落在美丽的 5A 级景区月湖边。学生对月湖的水质和鱼儿的生存环境产生了浓厚的兴趣，他们组成了"TDS（Total dissolved solids 首字母缩写）水质测试"小团队，计划采集宁波大市范围内的多处水源，并选定了水质元素之一 TDS，进行程序编写。他们自己制作了 TDS 水质分析器，并在教师和父母的带领下，分别采用四明山泉、日湖、广场喷泉等

多个水源的水进行测试，然后再回到教室对数据进行分析。他们通过理论对比得出了属于自己的结论——"月湖里的水"非常适合鱼儿生长。

（2）全方位体验式

2017年年初，教育部印发了新版《义务教育小学科学课程标准》，重点增加"技术与工程领域"的内容，面向小学一、二年级开设科学课程，并且倡导跨学科学习方式，建议教师可以在教学实践中尝试STEAM教育。

我们开设了全方位体验式的玩创课堂。以一年级的科学课《种子带我去旅行》为例，从科学课延伸至语文、美术、音乐课，写植物日记，作植物绘画，制生长小视频，办阶段成果沙龙等，让学生在全方位体验中发现身边事物的精彩，收获成功的快乐！

（3）情境思维导图式

以STEAM教育中的创客作品"云上的文明桶"为例，如图2-5、图2-6所示。

图2-5　思维导图　　　　　图2-6　最终的成品

为了督促广济学子们养成文明用餐、节约粮食的习惯，创客社团成立了"云上的文明桶"开发项目：每天对班级的剩菜剩饭测重，衡量食物浪费的多少。小创客们发挥自身的创造力，运用学到的科学知识，设计、制作了"云上的文明桶"的思维导图，最终解决了生活情境中的实际问题，使自己从单纯的学习者变为知识的运用者和创造者。

**4. 项目设置基于问题**

（1）开发生活化的项目式玩创活动

学校坚持开发生活化的项目式玩创活动，并将开发过程记录下来形成校本教材。我们将项目式玩创教学的建设理念融入校园生活，希望通过学生将创意应用于校园，改变校园，使他们的创新精神"从小处开始，从大处成长"。

随后一系列生活化的创客转化项目，如渗透德育的环境噪声智能提示器、助力学校体育的运动会光电感应计时器、添彩校园活动的 S4A 抢答器、维护校园生态的智能滴灌器等三十多个创新项目分别获得国家专利、软件著作权、市级一等奖。

(2)基于"成长进阶式"的玩创评价研究

广济以学生的创新能力和人文精神(表达、协作、沟通和团队领导力等)为评价双主线。以教师、家长、学生、社区等为多元评价主体，建设广济玩创课程评价共同体。

①在学科教学中进行进阶式评价。

目前，广济的玩创课程与多学科进行了有机整合，以玩创教育视野进行遴选，整合语文、美术、科学、信息等相关课程，融入创客教育特有元素，在小太阳七彩阳光成长手册中植入"玩创5＋1"评价指标。其中5个元素与基础课程融合(玩创教研组认证)，1个元素作为自主发展，体现个体能力(经过教师、同学、家长认证)。

一到六年级进行进阶式评价，兼顾评价内容的一般性与玩创教育的独特性，以期对学生创新能力进行科学、客观的评价，如图 2-7 所示。

| 年级 | | 内容 | 年级 | | 内容 |
|---|---|---|---|---|---|
| 一年级 | 必达项 | 1.会撰写植物成长日记<br>2.会饲养一种小动物并能记录下它的成长过程<br>3.会根据主题创作科幻画（美术组认证） | 四年级 | 必达项 | 1.能设计、操作并记录一项实验<br>2.能看两本科技类或有关科学家传记的书籍，完成两篇读后感<br>3.完成一个具备交互功能的积木式编程作品 |
| | 选达项 | 4.参加了学校的创客项目并在团队中获得认可<br>5.在班级及以上科技比赛中获奖 | | 选达项 | 4.参加区级以上信息学竞赛<br>5.参加了学校的创客项目并在团队中获得认可 |
| 二年级 | 必达项 | 1.观看科技类或科幻电影，并能完成一篇观后感<br>2.能够用电池和灯珠连接电路（串联）<br>3.展示一个源于生活的创新点子（图文） | 五年级 | 必达项 | 1.能撰写科学小论文并能在班级以上场合发表交流<br>2.学会用PPT表达和展示自己的创新想法<br>3.完成一个创新作品竞赛 |
| | 选达项 | 4.能用模块化编程软件完成一个简单作品<br>5.学会声音录制 | | 选达项 | 4.参加区级以上信息学竞赛并获奖<br>5.参加了学校的创客项目并在团队中获得认可 |
| 三年级 | 必达项 | 1.会撰写植物成长日记<br>2.会饲养一种小动物并能记录下它的成长过程<br>3.会根据主题创作科幻画（美术组认证） | 六年级 | 必达项 | 1.能撰写科学小论文并能在班级以上场合发表交流<br>2.学会视频的编辑，并以此作为展示媒介<br>3.完成一个创新作品 |
| | 选达项 | 4.参加了学校的创客项目并在团队中获得认可<br>5.在班级及以上科技比赛中获奖 | | 选达项 | 4.参加区级以上信息学竞赛并获奖<br>5.参加了学校的创客项目并在团队中获得认可 |

图 2-7　进阶式评价

团队在社团课程和项目式课程中，也进一步建立了具有广济玩创教学特色的玩创星级评价机制。

②在普及活动中开放多元化评价。

根据玩创教学的内容，广济每年都会开展玩创活动，如小太阳玩创节、玩创大厅的创客体验场、小太阳广播玩创节目、"创客达人"演讲台以及由信息教师主持的校园网玩创互动栏目等。这些玩创活动集趣味性、互动性、自主性于一体，全方位满足学生的需求，使学生的创新能力不断地自我完善、自我发展！

在活动中适当邀请家长、同学、社区人员参加评价。不同评价主体会给评价带来更多的参考意见，可使学生全面、深入地认识自己的活动表现，起到激励和促进作用。

### (五)建设"科创与人文并举"的玩创教学文化

作为一所有着五十多年历史的学校，广济有着浓浓的人文气息，有着注重个性成长、呵护学生天性的校园风格与传统，有着开放、宽松的教育氛围，有着一群充满仁爱和创新精神的教师。

广济以"真诚、明善、健行"等人生底色作为学校基础教育的课程目标，打造了广济底色课程——七彩阳光选修课程体系。

广济玩创教学形成了"以生为本，向善向上"的文化，并体现了以下育人观。

**1."与人为善"的育人观**

人性皆善，教育的要义是立德树人。玩创教学中更应该包含人文精神的培养。譬如，广济创客社团"智能酒驾劝阻装置"的发明人，因为父亲的朋友酒后驾驶造成的悲剧，立志要做一个劝阻酒驾的创客作品，在不断的努力下，终于成功做出了成品。该作品折射出对生命的关怀和人文情怀，获得了全国创客大赛一等奖。

**2."以生为本"的课程观**

玩是学生的天性，他们参与玩创课程，最理想的方式是"玩中学，学中创"。

**3."融合共生"的校园观**

广济的校园是学生的创想园，是灵感萌发的资源宝库，是团队协作的玩创基地，是玩创作品的展示舞台。在融合共生的校园里，学生尽情释放天性，创新无极限。

**4."协作创新"的项目观**

对学生来说，创新的过程，就是综合运用跨学科、跨领域的知识，解决生活问题的过程。众人拾柴火焰高，广济的玩创团队有人出创意，有人做方案，有人编程序，有人搭模型，有人做介绍……团队智慧让创意项目成果显著。

**5."个性多元"的评价观**

广济从学生的年龄特点及成长的自然规律出发，关注学生探究实践的过程。我们始终坚信每个学生都是小创客，都能通过自身的努力找到合适的学习方式。

## 三、初步成效

经过十余年、三阶段的研究，广济开展了从普及型的"玩中学"综合实践素养培育，到"学中创"创新素养培育，再到近年来的"玩创融合"的玩创教学启蒙实践研究。研究初步解决了基础教育阶段实施创新教育"渠道窄""师资少""过程体验缺乏""教学资源匮乏""路径单一""人文精神培育缺失"等问题，取得了一定的教学成果，引发了一定的社会效应。

学生的学习兴趣、主动性、探究倾向和积极人格等素养提升明显；玩创作品大面积在校园内外应用，并获得国家实用新型专利、软件著作权证书和市级以上奖项三十余次；中科院时任院长路甬祥授予广济"首批全国科技体育传统学校"称号，该事件被《中国教师报》《浙江日报》《中国体育报》等省级以上媒体报道；教师团队专注研究，搭建广济"玩创"课程群，在市级及市级以上期刊发表论文二十余篇，研究课题被列入浙江省教育科研重点课题，获 2017 年度宁波市教育科研优秀成果一等奖、宁波市教育教学突出成果(基础教育类)一等奖。

学校迎接了近百批省内外参访团的参观、学习，并在浙江省"轻负高质"推进会、甬台教育合作交流会、甬港教育合作论坛、宁波—奥克兰教育论坛等公开场合展示、演讲近百次；课题成果向延安、杭州、丽水等地的结对学校辐射。

启智教学的方法和途径有很多，但基本的原则是以启发学生内心本具的明德为出发点，以培育持续的专注能力为重点，在长期的学习实践活动中开发学生内心的智慧。本文所列只是部分粗浅尝试。

&gt;
&gt; &gt; &gt; &gt;
&gt; &gt; &gt; &gt;
&gt; &gt; &gt; &gt;
&gt;

身心相依、身心交养是底色教育视野下健体教育的基本观念。开发康强的体魄与培育纯洁的心灵，是合为一体、密不可分的。我主张将健体教育融入学生的学习与生活中。我和团队一起制定《行住坐卧标准及训练法》，进行日常的坐立行走训练，倡导教师、家长带头养成晨练的习惯，带动学生不断进步。医教融合，是高质量实施生命健康教育的有效路径。五年来，我和团队挖掘周边教育资源，与三甲医院携手开展生命健康课程。

## 第一节　身心相依的底色体育观

立德树人，是教育的根本任务。德智体美劳五育融合，缺一不可。对于教育而言，身体的开发往往在智力开发之前。"君子道者三，我无能焉：仁者不忧，知者不惑，勇者不惧。"①。蔡元培先生认为："凡德道以修己为本，而修己之道，又以体育为本。"②体育，不仅指身体的锻炼，生命意识、健康素养、锻炼习惯、意志磨砺等皆蕴含其中。

康强的精神，必蕴于康强的身体之中。《大学》中言："物有本末，事有终始，知所先后，则近道矣。"③这个"本"有深意！每一个人终身发展的根本，在于"身心"二字，而康强的身体又是身心发展的基础。"现代奥

① （宋）朱熹：《四书章句集注》，第2版，157页，北京，中华书局，2012。
② 蔡元培：《中国人的修养》，4页，苏州，古吴轩出版社，2018。
③ （清）阮元校勘：《十三经注疏·礼记》，983页，台北，艺文印书馆，2013。

林匹克之父"顾拜旦说："从中世纪以来，身体素质与精神素质逐渐被割裂开来，身体素质遭到蔑视。现如今，身体素质服务于精神素质的观念已获认可。然而，前者仍被视为'奴隶'，日复一日，人们将其置于卑下的从属地位。"体育的意义，重大而深远！

## 一、身心相依

身体和心灵是相互依存的。身体的开发和心灵的开发也是相辅相成、密不可分的。我们常常能观察到，身体康健的人，性格往往乐观开朗；体弱多病者往往郁郁寡欢。体能制心，心亦能制体。底色教育的体育观认为，乐观、积极、坚韧等良好品质的培育，可以从坚持锻炼、开发身体入手；对于专注、团结等品质的培育，体育往往是很好的载体。在实践中，改善学生的懈怠、不专注、厌倦学习等问题，常常从训练学生坚持晨练、早起早睡等入手，好习惯养成了，学业成绩自然而然也会取得进步。

## 二、食饮有节

饮食习惯不但与身心健康密切相关，而且对人格养成也有重要影响。蔡元培先生说："使于饱食以后，尚歆于旨味而恣食之，则其损于身体，所不待言。且既知饮食过量之为害，而一时为食欲所迫，不及自制，且致养成不能节欲之习惯，其害尤大，不可以不慎也。"[①]底色教育从倡导营养均衡的饮食开始，提倡已饿方食，未饱先止。从"食堂""厕所"建设的细节入手，开展主题式、系列化的教育，目的是从学生的"饮食起居"入手，康健学生的身体，完善他们的人格。陶行知先生说："康健是生活的出发点，亦就是学校教育的出发点。学问、道德应当有一个活泼稳固的基础，这基础就是康健。俗话说'百病从口入'，同志们务必注意，办学校是要从厨房、饭厅办起的。"[②]小时候，家里的老人经常教育我们，一日三餐要定时定量，三餐要管牢。胃口差的学生往往肠胃功能较弱。饮食习惯不好，容易导致体能差，身体发育滞后，影响学习和身心发育。

---

① 蔡元培：《中国人的修养》，5 页，苏州，古吴轩出版社，2018。
② 陶行知：《陶行知全集》，第 2 卷，253 页，成都，四川教育出版社，2005。

我常常发现这样的例子，有的学生在食堂用餐时，喜欢挑食或吃得很少。联系班主任并结合家访发现，他们的父母或祖父母的教养方式往往不当，如存在宠溺等问题。我们通过家校协作，推广健康饮食理念，邀请医生给家长和学生上饮食健康课，优化学校食堂配置和管理，合理制定食谱，引导学生健康饮食。

### 三、起居有常

早睡早起、坚持锻炼、勤奋学习、勤勉做事，是体育教育的应有之义。曾国藩说："身体虽弱，却不宜过于爱惜。精神愈用则愈出，阳气愈提则愈盛。每日作事愈多，则夜间临睡愈快活；若存一爱惜精神的意思，将前将却，奄奄无气，决难成事。"[①]从校长、教师、家长带头做起，带动学生制订合理的作息时间，坚持早起早睡，逐步养成晨练的习惯，为一天的学习和工作打下良好的身心基础。制订张弛有度的学习计划，文武之道，一张一弛，养成良好的学习和做事节奏。日出而作，日落而息，每天早起并坚持晨练，很容易体验神清气爽、精神抖擞的感觉，一日之计在于晨，此之谓也；充分拉伸、尽情运动过后，会感到疲劳、烦恼一扫而光，身心舒坦，精神倍增；专注学习，全神贯注做事，会感到内心很充实……起居有常，是开发身心的需要。我多年坚持晨练，并带动近一百户家庭参与晨练，长期的坚持证明，起居有常等规律，贵在体验，只有自己认真去做，才算是真学习。规律的睡眠时间，换来的是精神抖擞、精力充沛的体验。

### 四、坚持锻炼

对于体育教育来说，学习知识和技能是一方面，养成终身锻炼的好习惯是重点。锻炼习惯的培育，需要课堂内外、家校之间紧密配合，更重要的是要从学生的身心体验出发，引导他们内化习惯，将习惯变为自觉自愿的行为。首先，我在骨干教师和青年教师中组织晨练队伍，学习科学的拉伸和晨跑方式，逐步带动校园运动风气的改变。其次，我和团队改革学校的活动方式，以"更多参与、更多展示、更多运动"

---

① （清）曾国藩著，梁启超辑：《曾文正公嘉言钞》，46页，北京，中国书店，2017。

为理念，增加体育风采展示的项目，努力让校运会成为校园的体育嘉年华，展示学生擅长并长期坚持的体育运动项目。再次，扎实落实"体艺2＋1"政策，改革体育课，增加可选的体育项目，尝试"1＋2"选项走班教学制，即一节常规课、两节体育兴趣培养课，学生可以在基础体能达标的基础上，根据特长爱好，从足球、篮球、乒乓球等项目中自愿选择项目，与兴趣相仿的同学一起学习。引导学生积极选择喜欢的体育项目，激发学生的锻炼兴趣，提高技能，形成习惯。最后，通过丰富多彩的小型体育活动，如每月一次的跳绳、足球、篮球、百米飞人等因地制宜的小型项目，增加体育活动的参与时间和项目，引导学生在体验中感受体育的乐趣，进而促进锻炼习惯的养成。体育教育训练的不仅是学生的速度、力量、柔韧、协调、敏捷等素质，更重要的是开发学生的精勤、坚韧、有恒等精神品质。养成终身锻炼的习惯，比单纯提升运动成绩更重要，进行体育锻炼的目的是提升身体素质，开发精神品质，提升学习、生活、工作的品质和效率。

体育的本质，是人格教育。养成科学、有恒的锻炼习惯，不断提升身心素养，是底色教育视野下体育的重点。

# 第二节　行住坐卧：融体育于生活中

俗话说"站有站相，坐有坐相"。心能制体，体亦能制心。广济依据身心发展规律拟定师生"行住坐卧"训练法并逐步推行，目的在于通过坐立行走等训练，增强学生的体质，促进人格的发展。蔡元培说："道德之本，固不在高远而在卑近也。自洒扫应对进退，以及其他一事一物一动一静之间，无非道德之所在。彼夫道德之标目，曰正义，曰勇往，曰勤勉，曰忍耐，要皆不外乎习惯耳。"①

底色教育视野下的体育，主张从一举一动、一言一行中训练。我和团队经过反复讨论与研究，制定了《"行住坐卧"等姿势训练方案(讨论稿)》，坚持在做中学，在学中改进，以此提升师生的身心素养。

---

① 蔡元培：《中国人的修养》，8 页，苏州，古吴轩出版社，2018。

## 一、背景

据中国妇女儿童发展中心统计，由于不良的跑走坐站等姿势，导致身体发育畸形的发生率约为 5%，如脊柱侧弯、高低肩、驼背、颈椎前倾、骨盆前倾、旋移、XO 型腿、内外八字脚等。早期畸形不明显，亦无结构的变化，易于矫正，然而往往易被忽视。10 岁以后，随着身体的发育，畸形会引起身体结构的改变，如脊柱侧弯可继发胸廓畸形，胸腔容积缩小，可引起气短、心悸、消化不良、食欲不振等内脏功能障碍。初中生脊柱变形，尤其是颈椎变形的情况比较普遍，原因之一在于小学阶段不重视跑走坐站的姿势训练，养成了不良的习惯。除了生理上的影响，身体发育畸形对青少年心理的影响也很大。

中国传统教育要求"站如松，坐如钟，行如风"。俗话也讲"站有站相，坐有坐相"。这些要求蕴含深刻的身心发展和教育规律。行住坐卧是人的基本活动方式，体现了一个人的整体精神风貌，也展现了一个人的教养，还影响人的健康。基础教育应该把行住坐卧姿势的训练，作为重要的教育内容。

## 二、目的

逐步纠正师生"跑走坐站"的不良姿势，使其养成正确的姿势。

在训练过程中，逐步提高全体师生的身心素质，为他们打下健康、勇敢、有恒的生命底色。

## 三、原则

科学、有恒、渐进、普及。

## 四、训练方法

①跑。

跑步姿态：脊柱挺，挺而不僵(身体挺拔，脊柱是关键)；肩膀松，松而不懈；脚下扣，脚尖踩直线；眼睛平视前方，看稍高远的标志物；摆臂以肩为轴，力到手肘，前后摆动，手指、腕与臂自然抬起，肘关节角度约为 60 度(屈肘可容一拳)；腰部尽量放松，胯往下沉；慢跑有节奏，只用鼻子呼吸，牙齿咬紧，嘴唇放松，下颌微收；重心略微往前，带动身体向前跑。

注意事项：跑步前一定要热身，并进行充分的韧带拉伸，防止跑步造成关节韧带损伤。跑步速度、强度以能说话、不能唱歌为标准，比快走略快，或达到目标心率：（220－年龄）×70％。尽量在塑胶跑道上跑步，穿合适的运动鞋。每学期体育课都要安排跑步训练，要重视基本的运动形式的训练。

②走。

走路姿态：脊柱挺，肩膀松，脚平行，摆动腿，膝关节伸直，脚跟着地，快速过渡到前脚掌。眼睛看路及开阔的地方。

注意事项：走路时自然摆臂，抬头挺胸，小腹收起，尤其背书包时书包应贴近背部，挺起脊柱，减少身体前屈，避免驼背。背书包时，正是训练脊柱挺的好时机。三年级以上学生的书包重量不超过3千克，三年级以下学生的书包重量不超过2千克。

③坐。

坐的姿态：脊柱挺，肩膀松，两脚平行，身体自然放松。

注意事项：尽可能保持自然的端坐位，保持头、胸部的自然曲线，避免头颈部过度后仰或过度前屈。训练时，可坐椅子的三分之一，头顶一本书，尽量不让书掉下来，上下午各训练十分钟左右。

④站。

站的姿态：抬头、挺胸、收腹，眼神专注不游移。两肩放平，微向后张，中指紧贴裤缝，两腿挺直，两脚平行与肩同宽，涌泉穴对着肩井穴(立正姿势：两脚跟靠拢，分开约60度，重心略微前倾)。

注意事项：两脚平站，以免骨盆倾斜。挺胸收腹，避免弯腰驼背。身体直立，保持颈部生理弧度。站立时间不宜过长，疲劳时双脚要更替休息，不要单脚负重时间过长，以免形成习惯，引起骨盆及脊柱的倾斜。可以头顶书、背靠墙，站立十分钟进行站姿训练。

⑤卧。

建议右侧卧。

## 五、训练过程

①先对各年级学生进行体检，以发现平足、高弓足、XO型腿、脊柱侧弯等问题。对特殊体型儿童进行及时正规的医疗干预。

②邀请医生给教师和学生讲"脊柱保健"的知识；全体师生要明白脊柱变形的危害，行住坐卧对脊柱健康的影响；适当的时候，校长带学生跑步、走路；家校合作训练，使学生逐步养成习惯。

行住坐卧训练法是一个参照标准，供全体师生和家长参考，而非硬性的指标。训练过程是循序渐进，量力而行的，关键在于自主选择，逐渐养成习惯。

# 第三节　晨练习惯：终身以之

底色教育视野下的体育教育，重点在于引导学生养成终身以之的锻炼习惯。锻炼内容丰富多样，为长远计，需要考虑场地、强度等多种因素；锻炼时间众说纷纭，应考虑是否能持久，能否为一整天的学习、生活奠定良好的基础。晨练，是我的老师以及诸多同事、家长、朋友多年探索出来的锻炼方式。晨练重在体验，贵在坚持。

## 一、目的

科学锻炼，养成习惯；修养身心，磨砺心性；身心为本，夯实基础。

## 二、内容

以拉伸、晨跑、跳绳等为主要内容，围绕柔韧、力量、速度、协调、敏捷等身体素质进行训练。

在时间充裕的情况下，以拉伸开始，以拉伸结束。身体需要运动，充分地拉伸能提高身体机能，预防运动伤害。

晨练内容一般根据场地、气候、时间、晨练者的实际情况确定。比如，晴天建议以拉伸、快走、晨跑为主，雨天则以拉伸、跳绳为主；有塑胶跑道、草地、泥地等适合跑步的条件，可以多选择晨跑，只有水泥地、柏油马路等硬路面的，建议多采取快走等方式，以免受伤；以慢跑为主，速度控制在可以边跑边说话（速度一定不要快），因为晨练的目的不是竞技，而是康强体魄，磨砺意志。晨跑控制速度，利于持续地训练并提高身心素质，且能较好地避免受伤。

## 三、途径

身教为先。教育的奥秘在于潜移默化。良好的家风，是学生身心学业持续进步的基石。身体锻炼、身心修养，乃至学习等，父母、教师的身教是非常重要的。因此，我们在引导学生养成良好晨练习惯这个方面，坚持"身教为先"原则。校长、部分教师带头坚持晨练，每天天蒙蒙亮，朝阳升起的时候，换好运动装，或拉伸、晨跑，或跳绳，或快走，为一整天的工作、学习、生活打下良好的基础；尝试以家庭为单位，带动家人一起晨练。锻炼磨砺的是心性，开发的是身心中蓬勃向上的力量。

体验为基。身心锻炼最终是靠坚持实现的；精力充沛，神清气爽，注意力集中，身心协调和谐，都是靠体验得来的。此须躬行，不在口说。在早晨坚持锻炼，从时间、体验、节奏等多方面来看，都较其他时段有优势，这是体验而后得的。

榜样引路。榜样的力量是无穷的，倡导晨练，需要从带动部分师生、家长入手，以点带面，分层推荐，循序渐进。校长、教师坚持晨读，且身心有真实的进步，才有说服力，行胜于言；选择积极的学生、家长，组成读书、锻炼团队，互相分享体验，一起研讨问题。在多年的实践过程中，我们发现，榜样的力量是很大的，如以下案例。

小艺的爸爸先参加晨读、晨练，之后妈妈和她也加入进来。坚持晨读、晨练一年多之后，小艺参加学校的体育运动会，得了两个冠军（小艺同学的运动基础本来就不错），学业成绩也越发优秀，结果带动了一批同学，以及所在班级的班主任一起读书、锻炼，很有借鉴意义。

小迪头脑聪明但贪玩，还喜欢玩电子游戏，导致成绩大幅度下降，而且小迪与父母的关系紧张。其父母向我们咨询教育的方法，我们建议父母带动孩子参加晨练，从坚持运动，培育自制力、意志力等做起。他们一家人坚持晨练三个多月后，小迪喜欢玩电子游戏的问题得到缓解，学习自觉性和专注度提高了，学习效果良好，让其他学友增强了信心。

小明在读小学之前就因为肥胖导致反应慢、不协调等问题，且体重以每年 10 斤左右的速度快速增长。入读小学之后，问题更加明显：身体不协调，运动能力差，身体肥胖、不灵敏，玩伴不多，个别同学还取笑他，给他取绰号；智力发育速度较同龄人缓慢；孩子和父母常常焦虑……在父母晨练、晨读的带动下，小明同学也开始坚持晨读和晨练……三年下来，小明的体重得到控制，体育素质明显提升，学习效果也有较明显的改善，被评为学习积极分子。坚持蕴含巨大的力量，小明的案例，给了不少家庭巨大的启发：只要肯坚持，虽愚必明，虽柔必强。

定期研讨。经常组织晨练，互相研讨晨练中的问题，是很有必要的。如初学者很容易产生"为何要晨练"的疑问，有体验的家庭常常会分享这样的体验：坚持晨练，学生能够克服惰性；坚持晨练，可以使人身心愉快。又如，对于"为何要以拉伸贯穿晨练始终"这个问题，有体验的学习者会说：拉伸完，筋骨拉开，身心放松，运动起来更舒服；运动结束再拉伸，能让身体更舒展；拉伸贯穿始终，不容易受伤。

引导学生养成终身以之的锻炼习惯，持续开发身心素养和潜能，是底色教育视野下体育教育的重点。

## 第四节　健康课程：生命教育

生命健康教育，是体育教育，特别是小学阶段体育教育的重要组成部分。我们长期开设"小太阳生命健康课程"，目的是从学生常见的身心问题入手，整合资源，培养学生树立良好的健康意识，养成良好的习惯，学习基础的、终身受用的健康技能。我和同事一起编制课程大纲，邀请医生义工团队，与班主任一起执教，每学期分主题(如认识身体、脊柱健康、护牙、护眼、青春期教育、CPR 等主题)、按年级、分层次向学生授课，至今已坚持数年。

### 一、理念

健康是人成长的第一要素。我们通过有计划地进行"小太阳健康课程"教育，培养学生的健康意识，使学生掌握必要的健康知识和技能，促进学生自觉地采纳和保持有益于健康的行为和生活方式，减少或消除影响健康的危险因素，为学生一生的健康奠定坚实的基础。

健康生活是快乐成长的前提。我们认真落实"健康第一"的指导思想，把培养学生的健康素养作为学校教育的基本目标之一，促进学生健康成长。

## 二、目标

### (一)了解健康行为知识，培养健康的生活方式

了解自己的身体，学会自我保护；知道个人卫生习惯对健康的影响，掌握个人卫生知识；了解营养对促进少年儿童生长发育的意义，树立正确的营养观；了解烟草、毒品危害的简单知识，远离毒品。

### (二)了解疾病预防知识，掌握基本的健康保健技能

了解贫血、营养不良、肥胖对健康的危害与预防；了解常见呼吸道传染病(流感、水痘、流行性腮腺炎、麻疹等)的预防；了解体温、脉搏、血压的测量方法及测量的意义；知道如何配备班级、家庭小药箱；了解慢性病常识，为家庭建立健康档案。

### (三)了解生长发育过程，掌握青春期保健卫生知识

了解人的生命周期，包括诞生、发育、成熟、衰老、死亡；初步了解青少年身体主要器官的功能，学会保护自己；了解青春期的生长发育特点；认识女生月经初潮及意义和男生首次遗精及意义；了解变声期的保健知识；掌握青春期的个人卫生知识。

### (四)学习安全应急与避险知识，掌握简单的自救自护技能

认识常见的危险标识(如高压、易燃、易爆、剧毒、放射性、生物危害)；掌握煤气中毒、触电、雷击、中暑的预防和处理方法；掌握轻微烫烧伤和割、刺、擦、挫伤等的自我处理方法；掌握鼻出血的简单处理方法；了解骨折的简单处理方法；掌握判断心跳、呼吸停止的方法，学习心肺复苏的基础知识和技术要领；如果发生紧急情况，会拨打求助电话。

## 三、学习形式

由医生授课，班主任助教，每学期两课时，每课时 40 分钟。

逢培必考，考查分理论知识和实际操作两类，由班主任带领学生完成考试，成绩记入学期成绩报告单。

## 四、具体安排

### 表 3-1 各年级培训测验

注：表中"★"号代表首批开展的项目。

| 序号 | 年级 | 项目 | 课题 | 理论类要求 | 操作类要求 | 参加者 | 场地 | 经费 | 师资 | 备注 |
|---|---|---|---|---|---|---|---|---|---|---|
| 1 | 一年级 | 健康行为知识 | 正确清洗我的身体 | 良好生活习惯教育：勤洗澡、勤换衣、勤洗头、勤剪指甲；不随地大小便，饭前便后要洗手；了解正确的洗手、刷牙方法；知道每日适宜饮水量，多喝白开水；每天大便 | 会正确洗手、刷牙 | | 阶梯教室 | | | |
| 2 | 一年级 | 健康行为知识 | 正确坐、立、行 | 良好生活习惯教育：正确的身体坐、立、行姿势；正确的读写姿势 | 坐、立、行姿势正确 | | 阶梯教室 | | | |
| 3 | 一年级 | 疾病预防知识 | 为什么打疫苗 | 了解打疫苗的目的，不惧怕打疫苗 | 根据学生疫苗接种卡的普查，补种疫苗 | | 教室 | | | |
| 4 | 一年级 | 自救自护技能 | 如何拨打120 | 熟记120的作用，会正确拨打求助电话（120、119、110等） | 模拟拨打120 | | 教室 | | | |

| 序号 | 年级 | 项目 | 课题 | 理论类要求 | 操作类要求 | 参加者 | 场地 | 经费 | 师资 | 备注 |
|---|---|---|---|---|---|---|---|---|---|---|
| 5 | 二年级 | 健康行为知识 | 保护眼睛 | 了解眼睛的结构和功能，学习眼睛保健知识 | 检查坐姿、用眼卫生 | | 阶梯教室 | | | |
| 6 | 二年级 | 健康行为知识 | 保护牙齿 | 了解牙齿保健知识 | 完成窝沟封闭 | | 阶梯教室 | | | |
| 7 | 二年级 | 疾病预防知识 | 合格食物的辨别法 | 了解容易引起食物中毒的常见食品，了解辨别过期食物的办法，了解常见的危险标识（如高压、易燃、易爆、剧毒、放射性、生物危害） | | | 教室 | | | |
| 8 | 二年级 | 自救自护技能 | 体温计怎么用 | 了解体温计的工作原理、分类、使用方法等 | 设计体温表，记录一周的体温情况 | | 教室 | | | ★ |
| 9 | 三年级 | 健康行为知识 | 我健康吗 | 了解营养不良、肥胖对健康的危害与预防，了解吃好早餐的重要性，以及偏食对身体的危害 | 测量肥胖指数，记录一周饮食情况 | | 教室 | | | |
| 10 | 三年级 | 健康行为知识 | 维护班级小药箱 | 了解常备药品的使用方法和注意事项，整理班级小药箱 | 为家庭配备一个小药箱 | | 教室 | | | ★ |
| 11 | 三年级 | 疾病预防知识 | 常见呼吸道传染病的预防 | 了解常见呼吸道传染病（流感、水痘、流行性腮腺炎、麻疹、流脑等）的预防 | | | 教室 | | | |
| 12 | 三年级 | 自救自护技能 | 生命体征 | 了解医学上的生命体征概念，熟悉生命体征发生问题的常见表现，并学会初步处理方式 | | | 教室 | | | ★ |

| 序号 | 年级 | 项目 | 课题 | 理论类要求 | 操作类要求 | 参加者 | 场地 | 经费 | 师资 | 备注 |
|---|---|---|---|---|---|---|---|---|---|---|
| 13 | 四年级 | 健康行为知识 | 不良生活方式的危害 | 了解慢性非传染性疾病(恶性肿瘤、冠心病、糖尿病、脑卒中)的发生与不健康的生活方式的关系,知道健康的生活方式:膳食平衡、合理睡眠、不吸烟、不喝酒等 | | | 阶梯教室 | | | |
| 14 | 四年级 | 疾病预防知识 | 测量脉搏 | 了解体育锻炼时我监护的主要内容(主观感觉和客观检查的指标) | 体育锻炼时进行自我监护记录 | | 教室 | | | |
| 15 | 四年级 | 青春期保健 | 我从哪里来 | 知道人的生命周期包括诞生、发育、成熟、衰老、死亡;初步了解青少年身体主要器官的功能,学会保护自己;了解青春期的生长发育特点 | | | 教室 | | | |
| 16 | 四年级 | 自救自护技能 | 外伤的简单处理 | 了解被动物咬伤或抓伤后的处理方法,了解烫伤的处理方法 | 实际模拟操作 | | 教室 | | | ★ |
| 17 | 五年级 | 健康行为知识 | 采集家族史 | 简单了解常见遗传病及遗传病知识 | 调查两系三代的家族史,建立家庭健康档案 | | 阶梯教室 | | | ★ |
| 18 | 五年级 | 疾病预防知识 | 量血压 | 了解什么是血压、血压的正常范围、测量血压的方法 | 同桌互相量血压 | | 教室 | | | ★ |

| 序号 | 年级 | 项目 | 课题 | 理论类要求 | 操作类要求 | 参加者 | 场地 | 经费 | 师资 | 备注 |
|---|---|---|---|---|---|---|---|---|---|---|
| 19 | 五年级 | 青春期保健 | 我们是女生 | 青春期生理卫生课 | | | 阶梯教室 | | | ★ |
| 20 | 五年级 | 自救自护技能 | 骨折的处理 | 介绍常见校园内外伤所致的骨折，了解骨折的现场处理原则 | 简单操作四肢骨折的固定 | | 教室 | | | ★ |
| 21 | 六年级 | 健康行为知识 | 拒绝毒品 | 了解毒品对个人、家庭和社会的危害，了解拒绝毒品的方法 | | | 阶梯教室 | | | |
| 22 | 六年级 | 疾病预防知识 | 认识这些中草药吗 | 学会介绍常见中草药 | 为常见的中草药编制图表 | | 阶梯教室 | | | |
| 23 | 六年级 | 青春期保健 | 我们是男生 | 青春期生理卫生课 | | | 阶梯教室 | | | |
| 24 | 六年级 | 自救自护技能 | CPR | 掌握判断心跳、呼吸停止的方法；掌握心肺复苏的基础知识和技术要点等 | 模拟人心肺复苏操作过关 | | 医院技能室 | | | ★ |

78

## 五、其他

底色教育中的生命健康课程，主张以"健康基本素养"和"典型问题"相结合的方式进行。当下，青少年的近视问题日益成为全社会的焦点。通过多次讨论，并经过学校医学顾问的指导，广济小学制定了"学生视力保护公约"，把它作为生命健康课程的重要内容，促进学生健康成长。

**学生视力保护公约**

眼睛是心灵的窗户。为切实保护全体广济学生的视力，促进学生身心健康的可持续发展，特制定以下公约。

一、给学生

1. 食饮有节。合理饮食，均衡营养，不挑食，不偏食，少吃甜食。

2. 起居有常。早睡早起，坚持运动。如天气允许，每天保证 2 小时左右的户外活动时间。

3. 张弛有度。连续使用眼睛 45 分钟后，眺望远方或到户外活动。每天坚持认真、准确地做眼保健操。

4. 养成良好的用眼习惯，养成科学的读写姿势，严格控制观看电脑、手机等电子产品的时间，亲近大自然。

5. 发现眼睛不适或视力异常，主动告诉父母或教师，并及时就医。

二、给教师

1. 不拖课。确保课间休息时间，做到准时下课。

2. 不占课。严格按课表上课，确保体育及其他活动课程。视天气情况，保证学生在校期间每天 1.5 小时以上的户外活动时间。

3. 读写姿势教育。教育学生养成正确的读写姿势并形成习惯。学生连续用眼 45 分钟后，提醒他们眺望远方或到室外活动。

4. 控制使用投影。

三、给家长

1. 关注孩子的用眼环境，确保光线充足。

2. 提醒孩子合理饮食，均衡营养。

3. 家长带头坚持参加运动，如天气允许，确保孩子每天有 2 小时左右的户外活动时间。

4. 关心孩子的身心状态，如发现视力异常，及时就医。

四、给学校

1. 定期检测教室光线，确保良好的用眼环境。

2. 定期组织医生宣讲，传播科学用眼知识。

3. 定期开展视力筛查，制定视力保护方案。

又如，青少年脊柱侧弯问题，也是学生健康教育过程中应被重视的问题。我们制定"学生脊柱(颈椎)健康筛查方案"，组织学生定期筛查，及时发现问题，并尽早就医，建议全体师生端正行住坐卧的姿势，努力把健康教育落到实处。

### 学生脊柱(颈椎)健康筛查方案

脊柱健康，是关乎学生身心健康终身可持续发展的关键因素之一。

为进一步深化学校"小太阳生命健康课程"，了解学生真实的脊柱健康状况，特制定本方案。

一、筛查目的

通过邀请三甲医院骨科专家，检查广济学生的脊柱(颈椎)健康状况，及时发现问题，科学施策，防治结合，切实提升学生的体质健康水平。

二、工作流程

1. 宣传发动

邀请骨科专家，为家长代表和班主任宣讲脊柱健康等骨科知识，使他们了解脊柱保护的要点。

2. 试点施行

在高年级个别班级选择试点。主要工作有：发放告家长书；脊柱(颈椎)健康一对一筛查；汇总统计数据；分析结果并确定全校筛查方案。

3. 全校筛查

发放告家长书，在广济中心小学两个校区进行脊柱健康筛查并汇总数据。

4. 防治结合

分析数据，分类防治，分层施策，撰写报告，制定脊柱保护、预防、治疗等综合方案，与广济教育集团内外学校分享、交流经验。

三、后勤保障

医院方面：由三甲医院骨科专家牵头制定方案。

学校方面：由校长室、教导处牵头，大队部、年级组、家委会共同配合实施；及时向上级主管教育部门备案。

环境方面：在家长代表及教师的辅助下，进行一对一脊柱侧弯筛查(需要 2 米×2 米空间，一张桌椅)。

四、基本流程

常规项目(面向全体受检学生)：不同体位专业医师目测；脊柱侧弯触诊；专业测量。

深入检查(筛查重点关注学生)：给出建议，由家长自愿去大型正规医院进行影像学检查(X 线或其他检查)，根据结果制定治疗方案。

集体预防(面向全体学生)：端正坐立行走姿势，做到科学锻炼。

五、注意事项

本次筛查免费，学生可自愿参加。不愿接受筛查的学生，可由家长签名，告知班主任。

在告知书中写明：本次筛查并不能保证100％检出率。

健体教育内容丰富，方法多样，各种理论难以穷举，但关键的要领还是在于实践。本文论及的内容非常有限，探索也很粗浅，只提供一个粗浅的思路，供大家探讨。

## 第四章

## 美育的底色在开发生命之美

　　一切感人的人和事物都是美的。通过真善美的熏陶，培育学生的情感，培养学生的审美观念和审美习惯等，是小学美育的应有之义。修养纯洁的心灵、高尚的品德，是底色教育视野下美育的出发点和落脚点。真实、朴实是美的基础，和谐、健行是美的重要特质。通过建设校园的美育文化，开掘、融通不同学科之美，以多种形式的艺术活动引导学生体验美。

# 第一节　开发生命之美的底色美育观

　　立德树人，需要从五育并举走向五育融合。美育的重要性毋庸赘言，然则何谓美育？在小学教育中如何真正实践美育启蒙？这样的问题值得认真探讨。

　　美育，就是以美的事物，美的思想、情感和行为去陶冶人、启发人、培养人，使之变得高尚。孔子曰："兴于诗，立于礼，成于乐。"①人格的塑造，需要经典诗歌来熏陶，需要礼来规范培育，最终成于"乐教"。"人之所以异于禽兽者，即为有美感，故吾人求学，不仅要求得各种知识，还须养成快乐为审美观念。"②美育之义大矣哉！

　　美育的作用在于激发美好的情感、光明的理想和创新精神，使学生的心灵因受到美的熏陶而变得纯洁和高尚，从而更好地学习和生活。

　　严格落实音乐、美术、书法等艺术课程，是美育的实践途径，但非

---

① （宋）朱熹：《四书章句集注》，第 2 版，105 页，北京，中华书局，2012。
② 竺可桢：《竺可桢全集》，第二卷，66 页，上海，上海科技教育出版社，2004。

美育的本体，美育的落脚点是学生纯洁的心灵修养；广泛开展校园艺术活动，帮助每个学生掌握一定的艺术技能，是美育的具体内容，但非美育的本体，美育的重点在于每个人内心美好情感的培养。帮助学生打开视野，了解、欣赏古今中外优秀的艺术作品，增强文化理解，或鼓励学生参与艺术团队活动等，这些固然重要，但亦非美育的本质。何谓美育的本质？我认为通过感染、熏陶，启发学生内心美好的情感，培养学生高尚的品德，培育学生纯洁美好的心灵，是美育的根本。

## 一、以真为美

真，是美的基础，一真一切真！不精不诚，不能动人！底色教育视野下的美育，以培育学生纯洁、美好的心灵为目的，达到这个目的的首要前提在于真。开展教学活动，进行师生对话，知道的就说知道，不知道则坦诚承认，互相学习，虚心请教，专注学习知识，坚持探求未知；与人相处，真诚坦荡，不是自己的一分也不要，不该拿的一点也不多取，错了敢于承认，发自内心赞叹并虚心学习他人的闪光点，真诚、温厚、谦逊的人格培育是美育的目的之一。学校教育教学活动也好，学生学习生活也罢，一切的出发点都应该是"真"，做人干净纯洁，做事脚踏实地，不投机夸大，不哗众取宠，真实、朴实、扎实的办学风气，是美育的基础。

## 二、以善为美

《道德经》有言："上善若水。水善利万物而不争，处众人之所恶，故几于道。居善地，心善渊，与善仁，言善信，正善治，事善能，动善时。"[1]相信每个人内心都有善的种子，对人包容宽厚，温柔敦厚，是每个人应该修养的内心品质，也是美育的重点。

"善"的培育，贯穿教育教学的全过程，相关教育资源、契机等，也处处皆是。语文课本中感人的文章一定是真诚自然、温暖美好、有益于他人的。坚持诵读，耳濡目染，孕育人格，影响深远。数学、科学、信息技术等学科的出发点是对他人的同情心和对未知世界的好奇心，科学研究的归宿是利益他人、造福人类。教师推荐学生读科学家故事，编选

---

① （魏）王弼注，楼宇烈校释：《老子道德经注校释》，20 页，北京，中华书局，2008。

数学家事迹，让学生在科学家造福人类的事迹中得到真善美的熏陶与启迪。经典的美术、音乐作品，好的戏曲、电影等，最动人的地方必定包含着"善"。善是美的基石，我们利用升旗仪式、广播站、公众号等平台，每周推选感人的义工故事，目的就是弘扬善的风气。

## 三、以朴实为美

审美观影响着人的方方面面。我倡导朴实的审美观。学校选人用人，班级推选先进学生，以诚实、质朴为美，话说得太漂亮，往往难以做到，真诚质朴，实事求是才容易长久；说话、写作文等，以诚为美，修辞立其诚，不追求华丽的修饰，最打动人心的，往往是从内心自然流露出来的至诚；穿衣吃饭讲究质朴，穿衣服以干净为美，买鞋子舒适就好，学校倡导多穿校服，避免讲究名牌，杜绝奇装异服或者比拼穿着打扮，校园的风气，以质朴为美；学校搞活动，讲究是否对学生身心、学业的发展有实效，学校做宣传，追求是否对美好教育风气的转变有帮助，家校进行合作，出发的基点力求纯洁，以学生的身心、学业发展为重，不追求过多的形式，力求克服私心杂念。

## 四、以和谐为美

真正的美育应该指向人生修养，日常学习、工作、生活的身心和谐。梁漱溟先生认为："所谓生命的和谐，即人生生理心理——知、情、意——的和谐；同时，亦是我的生命与社会其他的人的生命的和谐。所谓人生的艺术，就是会让生命和谐，会做人，做得痛快漂亮。凡是一个人在他生命某一点上，值得旁人看见佩服、点头、崇拜及感动的，就因他在这个地方，生命流露精彩，这与写字画画唱戏作诗作文等做到好处差不多。"[①]我倡导并践行这样的美育，如交响乐团中各类乐器配合一般，每个人都有不同的个性，也有各自的特长，在学校里倡导小干部、小义工轮流制、竞选制等。面对荣誉不争不抢，面对职位量力而行，各自认真履行职责，互相配合，加强团结，营造人与人之间和谐、美好的氛围，就是美育的真义。选择经典的诗歌、乐曲、美术作品，通过广播、展览、专题片、定期推送等方式引导学生朗读、背诵、欣赏、交流；师生互相

---

① 梁漱溟：《朝话》，56 页，北京，世界图书出版公司，2013。

尊重、关爱，同学加强团结，互相配合，家校密切联系，携手共进。真挚、和谐的关系是美育的重点内容。

### 五、以健行为美

美育的主要目的是塑造真善美的人格，而实现这一目的的途径就是实践。没有实践，美育就是空谈。比如，康强的身体、健美的身形、坚强的意志等是美的，但这一切只有转化为天天坚持锻炼的行为才有可能实现。我倡导晨练，引导学生逐步养成晨练的习惯，目的就在于此。又如，经典的音乐是美的，真挚的情感，优美的旋律，精湛的演奏，恰到好处的配合等很打动人，但是如果没有养成坚持欣赏的习惯，学生的审美意识、审美能力就很难提高；高雅的品位就很难形成。抓住时机创设经典音乐、优美诗歌欣赏栏目，开展亲近经典的系列活动，实践进一步，美育就进一步。再如，高尚的情操，美好的心灵是美育的核心，坚持开展自利利他的义工活动，从自立自强做起，从身边的小事做起，从孝敬父母、尊敬师长、服务同学、美化校园做起，实践美育，贵在躬行。

陶冶美好的心灵，是美育的核心。我们所倡导的美育观，美在真诚，美在朴素，美在自然，美在健康，美在和谐。

## 第二节　校园美育文化：以文化人，以美育人

教育的奥秘在于潜移默化。营造高雅、醇厚、优美的校园文化，是审美教育的重要内容。陶冶美好的心灵，是美育的核心所在。学校美育文化，包括师生美好的言行、真诚的关系、高雅的活动以及良好的环境等方面的内容。

### 一、美好的言行是美育文化的重点

文化包罗万象。我认为，对学校而言，所有师生（学校的主体）的嘉言懿行，就是美育的核心内容，也是美育的目的之一。美好的言行，源于美好的心灵。说话贵在诚实，写作贵在真诚，不懂就问，错了老实承认，勇于改过自新，内心自然能体验纯粹、轻松、愉悦等感受，这是每个人能从切身体验中感受到的，是活泼泼的美育。美好的言行，源于纯

洁的心灵，源于积极向上的人生追求。做人真诚坦荡，做事尽心尽力，身心必定感到轻松愉快；遇事多替他人着想，比如，咳嗽时自觉捂嘴或戴口罩，一起进餐尽量用公筷公勺，在公共场合举止文明礼貌。文明修养源自内心，好的修养常常让人觉得内心特别明亮；帮助他人，快乐自己，同学有需要，我们尽己所能去帮助，他人有困难，我们心无杂念去付出，只要我们坚持至心为人，身心一定越发轻松。

## 二、求真的取向是美育文化的方向

求真是教学的基石，也是美育的基石。实事求是，勤勤恳恳，认认真真，探求真理；避免不懂装懂，杜绝投机取巧，反对弄虚作假、过度包装，这是学校美育文化的基础。我坚持组织"何谓好作文"的讨论，这是作文教学的需要，也是美育的重要内容。"什么是好作文？"人们众说纷纭，莫衷一是："好词好句说""拟题精妙说""构思精巧说""选材新颖说"……说法层出不穷，学生无所适从，给作文教学造成了不少困扰。从近几年有关作文评奖、高考作文等的报道来看，不少满分作文常令人看不懂，引起巨大的社会争议。我在作文教学中，坚持"修辞立其诚"的标准，提倡"真、细、实"，反对"假、大、空"。如下面这首诗。

### 秘密

万奕含

妈妈说我是捡来的

我笑了笑

我不想说出一个秘密

——怕妈妈伤心

我知道

爸爸姓万

哥哥姓万

我也姓万

只有妈妈姓姜

谁是捡来的

不说你也明白

嘘！我会把这个秘密永远藏在心中

我经常组织师生欣赏、讨论诗歌或作文。在反复讨论的过程中，大家逐渐形成共识：真正美的作文，发自内心，是至诚心的自然流露；没有真，就不会有美。

学校经常排演节目，组织教研活动，进行教学展示活动等。如何对待节目中的"不完美"？怎样看待演出中的"稚拙"甚至"低水平"？我和同事的做法是，准备工作尽心尽力，教学过程认认真真，但决不作假（假唱、事先排演等），不过分包装，不因为要迎接评比、参访等做不自然或拔高的准备。

实事求是，求真务实，是美育文化的基石，也是人格修养的基石，两者是一体的。

### 三、真诚的关系是美育文化的纽带

人与人相处，贵在真诚！以诚相待，互相包容，言行一致，表里如一，这是弥足珍贵的。我们全体行政人员形成共识：有话当面说，不在背后讲；需要公示的全部公示。学校坚持推行评优评先集体评议制度、家校议事会制度，把学校发展中的计划与安排，定期向家长通报，组织会议与家长代表共议，妥善解决问题。真诚的态度，温厚的情感，是治校的基础，也是美育的重要内容。家长与班主任、任课教师相处时，不必送礼，认真配合教师教育孩子，实事求是说明困难，直率、柔和地指出学校的问题等，就是真正的"礼"。

### 四、高雅的情趣是美育文化的载体

一个人心灵是否纯洁、高尚，直接影响其对美的追求。中小学生由于受到年龄、阅历的影响，往往更在意外在形式的追求，喜欢鲜艳的色彩、好看的面容、考究的衣着、精致的发型等。这种审美追求常常反映出时代的特点，如流行文化的变化、流行品牌的更新等。我们提倡质朴、纯洁、高雅的美育文化，希望通过建设校园高雅的审美情趣，引领学生形成良好的审美观，养成高洁的生活追求，避免受到低俗文化的影响。不少学生、教师和家长喜欢流行音乐（文化），喜欢听并且跟唱流行歌曲，喜欢穿名牌衣服等。有的虽然嘴上不说，但内心羡慕得很。我们坚持介绍先贤的故事，引导学生亲近心灵纯洁、在事业上有突出成就的先贤。学校举办艺术节活动，并且在广播站、公众号播放经典音乐，提升师生的审美情趣。在校园中，倡导以干净、朴素为美的情趣，反对奇装异服，抵制低俗艺术，在欣赏、辨析、比较中，提升学生的审美鉴赏能力。

### 五、良好的环境是美育文化的基础

实施美育的途径有很多，如专门的艺术学校，艺术课程与讲座，各学科美育文化的渗透，人的嘉言懿行，开放的美术馆，剧院，以及道路、广场、公园、广告、建筑等。对小学教育而言，实施美育的基本途径是营造美好的校园环境。近年来，我们尝试建设这样的美育环境：精选一流作曲家、一流指挥、一流乐团演奏的经典音乐，顺应学校的课程安排，融入上课、下课铃声，在上学、午间、放学等时段集中播放，陶冶情操，润物细无声。我们把学校美好、感人的事，通过图片、视频、文字等方式，展示在楼梯、转角、墙面、校园电视台等地方，让全体师生受到熏陶。我组织团队向学生征集惜物画，布置在学校餐厅，因为学生自己创作的节俭惜物的绘画作品，很能引起同伴的共鸣，也能美化校园环境。我们将学校的校史布置到公开墙面上，让学生在日常嬉戏玩耍中，就能看到学校的动人瞬间。我们将身边涌现出的美德事例，筛选到校园的荣誉柱上，公开评议、展示真善美的故事。

文化无处不在。美好的心灵、全体师生的视听言动，是校园审美文化的核心内容。

# 第三节　学科美育融合：融会贯通

美育与校园生活融为一体，融于学科教学活动之中。教学准备精心到位，板书示范凝练美观，课堂问答真实动人，教学评价科学到位……学科美育，贵在契合学生的身心发展和学习规律。

学科与美育的融合，建立在充分发掘学科特质的基础上，融于教学环节中，渗透在跨学科学习的活动之中……学科美育融合，重点在于激发学生向善、向上的美好情感，养成崇学、上进的人格，提升学习的主动性、积极性与创造性。

## 一、充分开掘学科美育特质

每个学科都蕴含着丰富的美育元素。开掘每个学科的美育特质，运用适合学科本身的教学方法，让学生徜徉在具有审美体验的学科学习之中，是学科美育融合的基础。音乐课上，通过聆听、歌唱优美的歌曲，了解艺术家的人生事迹，让学生在身心愉悦的享受中得到美的教育；美术课上，通过欣赏视觉作品，让学生模仿、创作美术作品，并在生活中观察、感受、表达艺术的美；体育课上，通过欣赏优秀运动员健美的身姿，在锻炼中让学生感受康健、活泼的生命之美。

拿语文学科为例，语文教材中选入了大量文质兼美的文章和诗词作品。这些优美的文章，或描写祖国的壮美河山，或叙述真善美的事迹，或讴歌纯洁美好的心灵等，都是进行美育的好素材。语文学科进行美育的方法，其一为朗读。美的描写，离不开美的语言。美的人、事、景、物，与充满音韵、节奏以及想象的语言是分不开的。朗读可以使书面语言转化为有声语言。通过准确、流利、抑扬顿挫的朗读，把文字描写转化为富有感情的声音，充满音韵的节奏，以及生活化的画面等，从而在潜移默化中，让学生受到美的熏陶和感染。我们开展晨读活动，坚持多种形式的课堂朗读活动，依托语文教材、经典诗歌校本教材和经典书籍等，在朗读中，让学生受到美的熏陶。其二为品味。审美教育与语文教学的融合，不仅是让学生感受语言中的音韵、节奏之美，更重要的是体验语言深处内在的美，激发美好的内在情感，提高鉴赏美的能力。因此，除了反复朗读外，我还坚持启发学生对语言文字进行反复比较、推敲，联系生活及自身体验，透过文字，把隐含的美挖掘出来，把蕴含在字里行间的美品味出来，让语言文字背后的自然美、心灵美与自己的内心形成共鸣，从而得到审美的愉悦。其三为实践。听、说、读、写、思等语文实践活动，贯穿于语文教学的全过程。新时代的语文实践活动，基于语文学科本质，并深入拓展了语文实践的内容和形式。除了听、说、读、写、思等活动外，还可以进行多学科的融合。比如，古诗词教学中的"诗配画"，充分利用诗歌的特质，引导学生用绘画的方法，经过反复讨论、体验、比较，将诗词转化为优美的画面；利用童话、历史故事等，进行"课本剧改编、表演"等活动，让学生在剧本改编、语言转换、情景对话等实践过程中，内化语言，浸润文化，受到美的熏陶。此外，还可以充分利用语文学科的特质，开展对对联、诗词飞花令等活动，因地制宜，从学生的实际出发，选择合适的实践方式，让学生在语文实践中感受美、理解美，试着创造美，从而实现语文教育的美育之路。

我长期组织开展生态作文大赛，目的是引导学生端正作文观念。修辞立其诚，坚持表达真实、自然、感人的语言文字，是语文学科渗透美育的重要方式。以下是生态作文大赛的征文启事。

同学们：

你们喜欢写作吗？在你们眼里，什么样的作文才是好作文？本次生态作文大赛，我们期待这样的文章：

真实的作文。真实是一种力量！不精不诚，不能动人！虚假的作文尽管华美，但顶多像是塑料做的假花，毫无生命力；真实的作文尽管稚嫩，但蕴含鲜活的生活体验，包含着真实的生命印记。我们欣赏语言朴实、内容真实、蕴含真情实感的文章。

好玩的作文。有趣是一种美！只要发自内心地喜欢，只要读起来通顺流畅，只要伙伴们觉得有趣好玩，我们就欣赏这样的文章。

个性的作文。天地万物，各有灵性！每个人的性格、经历、学识等各不一样，写出来的文章肯定各不相同。我们期待你能大胆表达自己的所见所闻、所思所感，自己的，才是最美的！

温暖友善的作文。太阳润泽万物，给我们以温暖的力量；人与人之间的爱，给予彼此温暖的呵护。只要你把生活中的善意、关爱、扶持或者感动写下来，八九不离十是一篇好文章。

天地入胸臆，文章生风雷！天地万物、社会万象都是一个生态系统！我们建议，生活中的体验、学习中的甘苦、社会中的见闻、内心的思想都可以成为作文的内容；家族的家训、名字中蕴含的故事、同学间发生的小事、课堂课程中的细节都可以转化为笔下有趣的文字……

来吧！同学们，不论长短、不求完美、不要华丽、不分文体，只要是你们喜欢、你们认为感动或者觉得有趣的文章，大胆地发给我们。期待你们的精彩！

## 二、在跨学科学习中渗透美育

我倡导践行的整体美育观，不仅融于各学科教学之中，而且融于学习、生活的各个方面，努力让学生在跨学科的活动中受到美的熏陶。以音乐为例，把古典音乐引入语文学习中，给诗歌配上合适的音乐，进行配乐朗诵，在学生进行默读、写作等过程中，播放宁静、优雅的音乐，使音乐与学生的语文学习融为一体；英语中有不少旋律优美、歌词典雅的英语歌曲，精心选择、择机播放，除了能帮助学生提高学习外语的兴趣外，还能提升审美情趣，使学生在欣赏、聆听、唱诵的过程中学习英语；学校通过每年定期组织艺术节，开展主题歌会、文艺演出活动等使学生感受艺术的美。知识的学习，能力的提高，审美情趣的熏陶，往往融为一体。数学学科有不少作图题，优美的图形和线条，恰到好处的比例、结构，都充满了美感。此外，各类跨学科的学习任务，有不少渗透美育的机会，值得我们认真把握。比如，学校多年来设立科创节（玩创节），其中有不少活动，如科幻画的征集、评奖活动，充分融合了科学、语文、美术等学科的元素，学生在大胆创想、描摹、绘画中，表达了自己的构思，完善了自己的创意。学校玩创课程中有不少任务是需要跨学科融合学习的，如制作"七彩智能台灯"，在教师的引导下，学生不仅需要将各类智能传感器融入台灯制作过程中，还需要运用美术技能，给台灯设计美观的灯罩，绘制优美的图案，设计巧妙的摆放组合等。

此外，学校设立跨学科教研组，定期讨论紧扣课程标准、契合学生身心特点的跨学科学习任务，每学期制订相应的计划，如举办玩创节、STEAM 节等系列活动，有计划地推进美育与其他学科的融合。

## 第四节  艺术活动与美育：美无处不在

艺术活动的价值在于，培育内心美好的情感，丰富身心愉悦的体验，进而促进完善人格的健康生长。

底色教育视野下的小学审美教育启蒙，不仅要教会学生辨析什么是美，什么是丑，如何去感受美、欣赏美，还要尝试去表达美、创造美。审美教育，既需要校园整体美育文化的熏陶，需要学科美育融合，当然也离不开真挚、美好、持续的艺术活动。

## 一、艺术欣赏

好的艺术不仅给人以美的享受，而且给人以心灵的力量，给人以人生的启迪、蓬勃向上的灵感。艺术欣赏是美育的基础，是艺术创造的基础。

底色教育视野下的艺术欣赏，需要拓展思路。坚持真善美的标准，持之以恒让学生亲近好的艺术作品，日积月累，久久具功，以期激发学生对经典艺术的兴趣，提升审美品位。具体而言，主要坚持以下几条实践准则。

第一，把握真善美标准。取法乎上，是底色教育视野下艺术欣赏的基本原则。以经典和童心为标准，以真善美为尺度，选择古今中外的艺术精品，择时、择机引导学生亲近、欣赏，是美育的重要途径。

经典诗歌是语言艺术的代表。在中华优秀传统文化中，经典诗歌是杰出的代表。除了语文教材中选入的经典作品外，我们特邀请高校教授与学校骨干教师一起，反复研讨，多次斟酌，从《诗经》、汉乐府、唐宋诗词中选择几百首精品诗歌，按照儿童的认知特点和一定的主题，编辑成经典诗歌诵读校本教材，日有所诵。又如，为丰富学生的生活，提升其欣赏兴趣和音乐水平，学校特邀请音乐教授和骨干教师，从古今中外的优秀音乐作品中，选择适合小学生欣赏的作品，如中华传统音乐中的《高山流水》《阳关三叠》《梅花三弄》《彩云追月》等，西方古典音乐中莫扎特、贝多芬、德沃夏克、海顿等大师的作品，以及卡拉扬、托斯卡尼尼等指挥大师的乐曲，精选组合，编辑成校园上下课、晨间、课间、午间以及放学的音乐，让学生在潜移默化中受到美的熏陶。

第二，用好课堂阵地。配齐、配好艺术任课教师，扎实开展艺术教研活动，统一思想，坚持钻研，立足课堂，开掘教材中蕴含的真善美资源，坚持以正确的审美观念，引导、带动学生进步，比如，语文教材中有很多文质兼美的课文，它们基本上都是从古今中外的作品中精选出来的名家名作，无论从思想立意，还是遣词造句、布局谋篇等方面，都给学生带来良好的审美熏陶和启发。又如，音乐、美术教材中编选了大量古今中外的名家名作，教师坚持修养自己，提高艺术品位，认真钻研教材，从而获得良好的审美体验，并带动学生提高艺术修养。

第三，拓展多元资源。引导学生坚持艺术欣赏，整合课堂、学校、家庭，以及社会中合适的资源和渠道，携手为学生营造良好的艺术欣赏环境。比如，我和同事多年来坚持利用校园广播系统，开设《经典欣赏》《好歌大家听》栏目，组织有艺术特长的学生，精选好的乐曲与大家分享；利用学校公众号，定期推送《小太阳经典诗歌诵读》栏目，配上美图、配音和解读，一并发送；每年坚持开展艺术节活动，邀请周边艺术机构来学校表演，与学校的乐队互相砥砺切磋。传统文化和美育是不可分割的整体，中华优秀传统文化是培育和践行美育的深厚土壤。中华传统节日是中华传统文化的显著表征及重要载体，蕴含着我国传统文化的精髓，深刻影响着人们的意识观念及行为活动。广济坚持举办二十四节气和中华优秀传统节日文化系列活动，以优秀传统节日文化底蕴为根，助力学生实现审美进阶，通过"喜闹元宵""端午裹味""中秋寄月""冬至数九"等传统节日活动，感受传统习俗，传承传统技艺，体验传统之"美"。专题节日之旅，融音乐、美术、诗歌、舞蹈、民俗文化为一体，让民俗可亲可近，使传统有声有色。

艺术欣赏，贵在与生活融合，贵在引导学生带着兴趣欣赏，贵在把握真善美的标准，培育学生良好的审美情趣，自觉抵制假恶丑的作品，涵养心性，提升审美能力。

## 二、艺术实践

美育是有关情操和心灵的教育，它激励人的精神，温润人的心灵。培养学生养成良好的艺术欣赏习惯，持续提升审美意识和能力，是小学审美启蒙教育的一个方面。引导学生因地制宜、因人而异地尝试审美实践，也是审美教育的重要内容。对学校的管理者而言，引导学生尝试艺术实践，主要从以下几个方面着手。

第一，激发艺术实践兴趣。兴趣是最好的老师。在小学阶段，鼓励学生积极参与艺术实践活动，重点不在于学习艺术知识、习得艺术技能，更不在于取得多少荣誉或级别证书。我们认为，激发学生参与艺术实践活动的兴趣，逐步养成良好的艺术习惯是重点。小学阶段，激发学生从事艺术活动的兴趣很重要。首先，端正艺术实践目的。引导学生欣赏艺术，学习乐器，参与音乐、美术、文学社团等的根本目的是用艺术的真善美涵养心性，塑造人格，简单地说，就是通过艺术实践，获得审美乐趣，而不是取得什么成绩。其次，明确艺术真善美的实践标准。"真"是美的起点，也是基础，学生刚开始学唱歌、学画画、学乐器、学写作等，出错是正常的，这样的"真"才是美的基础；能认真学习，坚持练习，有进步也是美；乐于在家人面前表演，敢于在班级、学校演奏，哪怕出错、跑调等，也是真实的学习过程。

第二，丰富艺术实践活动。鼓励学生学习乐器、学习绘画、学习书法等，参加音乐、美术、文学社团，每年坚持举办艺术节，开展"亲近艺术大师""三独比赛""合唱""集体舞""涂鸦大赛""生态作文比赛"等活动的主要目的，是为学生创设丰富多彩的艺术实践活动，让他们在参与中展示、交流、切磋、提高。组建有关乐器、合唱、舞蹈、文学、小型交响乐等的艺术社团，让一部分有兴趣、有天分的学生能继续提高自己的艺术才能。推荐学生参与共建单位的新春年会，参加社区举办的主题活动等，也是因地制宜的实践活动。艺术兴趣、艺术修养、艺术技能，是在实践的过程中开发和提高的。

第三，优化艺术实践评价。一开始学生参与艺术实践活动的兴趣高，但往往难以持久；学习进步比较快，但也容易反复、懈怠等。总体而言，面向小学生的艺术评价，侧重展示式、激励式的评价。比如，学校利用班级、校园的墙面、网站、公众号、多媒体展示台等，向全体学生征集艺术作品，展示的平台有了，观众有了，学生的艺术实践兴趣自然就有了，交流平台自然而然就搭建起来了。又如，在学校的综合素养评价单中，专门设立"艺术星"项目，设立不同层级的评价标准，侧重激励和纵向比较，重在激励学生体验和提高自己。

第四，生活与美育是一体的，艺术与生活也是融合的。真正的美育的核心是光明的人生价值追求；美育离不开纯洁、美好心灵的培养，离不开高尚品德的塑造。美育渗透在师生的一言一行中，融于校园、家庭和社会的文化之中。

以艺术的精神指导生活，把艺术的真善美融入生活，是美育的真谛。

第五章

## 劳育的底色在生命力的开发

∧
∨
∨
∨
∨
∨
∨

　　劳动教育关乎学生人格的养成与终身发展。底色教育视野下劳动教育的主要目的是让学生树立正确的劳动观念，在实践中体验劳动创造美好生活的道理；引导学生热爱劳动，尊重他人，培养学生勤俭、坚毅、乐于奉献的精神；引导学生掌握生存发展需要的劳动能力，形成良好的劳动习惯；引导学生喜欢劳动，热爱劳动，逐步养成良好的劳动习惯；以服务性劳动为重点，从自我服务、服务家人、服务师生到服务社区等，逐层推进；以劳动素养大赛为纲要，把劳动教育融入校园生活之中，家校携手；引导学生坚持"劳动作业"，推进居家劳动，拓展劳动教育资源，因时因地开展劳动教育。

## 第一节　基于生命力开发的底色劳育观

　　近年来，各地纷纷出台进一步加强中小学劳动教育的文件。作为一名基层教育工作者，我认为，加强劳动教育，首先要在"真"上下功夫，在"实"上落脚。劳动教育的立足点，应该放在完善师生人格，开发每个人内心本具的蓬勃生命力上。劳动教育不应格局偏狭；与学习、生活融为一体，是落实劳动教育的基本路径。

　　劳动教育的意义，是体验后而得的，不仅是物质上的所得，更是发自内心的收获与成长。品尝着自己用劳动换来的成果，会情不自禁地产生一种强烈的愉悦感和成就感，这是劳动教育的基础。这种积极的体验，如果能举一反三、坚持开发，则每个人都能逐渐认识到劳动创造世界、创造人生的意义，进而激发其对家人、同学乃至社会的责任与义务，从而使自己的能力得到提升、人格得到完善。

从小学教育的实践来看，学生中出现了一些不爱劳动、不会劳动、不珍惜劳动成果、不尊重劳动者的现象。一部分学生在家里没有养成做家务的习惯，自己的东西经常请长辈整理；在校园门口，常常有祖父母或父母替学生拎东西、背书包；班级、校园公共场地的垃圾桶内，常常有未用完的文具和日常用品，餐厅的厨余垃圾多得让人直摇头；整体来看，学生对门卫、食堂职工、校园清洁工，甚至家里的长辈缺乏应有的尊重。没有坚持引导学生养成良好的劳动习惯，是出现上述现象的重要原因之一。

家庭劳动教育要日常化，学校劳动教育要规范化，社会劳动教育要多样化，这是各级政府对劳动教育的整体要求。对小学教育而言，劳动教育的重点是以学校为主，家校携手，引导学生学习生活中的劳动技能，参与校园、家庭的日常打扫、烹饪、整理等劳动，使学生逐步养成生活自理的能力，并尝试参与校内外义工劳动。

## 一、自立为基

立德树人，五育融合，自立是基础。我坚持引导学生学习做家务，学着做菜、洗衣服。劳动不但能提高学生的自理能力，还能帮助学生放大心量，培养学生吃苦耐劳、懂得报恩等品质。在学习上，我引导学生自己的书包自己整理，自己的学习用品自己准备，自己的学习计划自主制订，实在有困难再求助父母，学习方面的问题自己解决不了再请教教师和同学。自立才能有真乐，其中有活泼泼的体验。学生在家长的指导下学习洗衣服、晒被子，虽然会感到腰酸背疼，但每次穿自己洗的衣服，盖自己晒的被子，都会特别快乐，衣被里的阳光味儿似乎也特别香；学着种菜，从整理土地、播种、施肥、浇水再到除草等。自立有真乐，依赖常常苦。坚持劳动的人，很容易体验到做自己的主人是多么快乐。

## 二、践行为主

劳动教育不在口说，贵在践行，要在践行中体认劳动教育的真价值。劳动教育的根本目的是育人。好的劳动教育的价值是多方面的，包括人格培育、知识学习、身体发展、审美提升等。劳动教育与德育、智育、体育、美育等诸方面息息相关。劳动教育的价值需要在实践中发现、认识和体验。实践越深入，认识也就越深刻。比如，逐步引导学生实现生活自理，为家里做力所能及的家务，在学校中认真完成值日等，不仅能锻炼他们的自理能力，更能培养他们耐心、细心、吃苦、感恩等美好品质。又如，鼓励学生自主选择、主动参加学校的各类社团，参与校内外劳动课程，让他们在主动参与模型制作、家政烹饪、动植物认养、中草药种植、生态园林建设、义工服务等劳动项目中，经历跨学科的综合性学习。在解决问题的过程中，发现知识与生活的关系，获得运用知识的成功体验，经历方法思考、策略尝试到成果展示的全过程学习，其价值是真实而又多元的。劳动教育价值的认识不能停留在口号上，需要在实践中体验，在体验中内化。

## 三、因人而异

小学阶段落实劳动教育，关键是根据教育目标，针对不同年级、类型的学生特点，以日常生活劳动和学习活动中的自理活动为主要内容开展劳动教育。比如，小学低年级学生在父母和教师的引导下，参与穿衣叠被、烧饭做菜、整理学习用品、打扫班级卫生等劳动，体验劳动的快乐，明白人人都需要劳动，劳动是每个人的责任的道理；小学中高年级学生，除了个人卫生、家务劳动、生活自理、与他人合作等方面，还可适当参与校内外的公益劳动，体会劳动的快乐和责任以及参与公益劳动的乐趣。对不同个性的学生，建议采用不同的方法引导，重点是让学生感受劳动的乐趣，养成坚持劳动的习惯。

## 四、因地制宜

重视劳动教育，不是另起炉灶、单搞一套，而是融于师生日常学习、生活的一言一行、一饮一啄中！陶行知先生认为："学校有死的有活的，那以学生全人、全校、全天的生活为中心的，才算是活学校。死学校只专在书本上做工夫。"①劳动教育与师生生活融为一体、密不可分。在时间上，劳动教育与师生每天的生活是一个整体；在空间上，家庭之中、课堂内外，无一不是劳动教育的好时机；在实践途径方面，学习、生活

---

① 陶行知：《陶行知全集》，第2卷，251页，成都，四川教育出版社，2005。

中有了问题、需要，就是进行劳动教育的好时机。比如，校园厕所有异味、多纸屑，招募师生义工和卫生清洁人员一起想办法，认领包干区域定期打扫；运用科学课上学到的知识配置去污药水，绘制文明标语进行温馨提示等，这样的劳动，从校园的真问题入手，融德育、智育、美育等为一体，效果也是多元的。再如，学生存在挑食、偏食、浪费粮食等现象，针对上述现象，学校布置"买菜、烧菜"等劳动作业，通过家校互动，引导、鼓励学生，并定期举办美食节，展示买菜、做菜的过程，让学生体验艰辛、学会感恩，融动手和动脑为一体。上述问题也自然而然地在学生坚持劳动的过程中逐步改善。问题在哪里，需求在哪里，劳动教育的途径往往也就在哪里。

### 五、多方携手

对学生进行良好的劳动教育，要注意家庭、学校、社区等多方携手，随机协调。家庭是劳动教育的基础。抓住衣食住行等日常生活中的实践机会，鼓励学生自觉参与，自己动手，随时随地、坚持不懈地参与劳动，鼓励学生尝试"当一天家""每周做几道菜"等，为学生的生活自理打下良好的基础。学校定期开展劳动素养大赛，根据学生的学习、生活需要确定劳动主题，提前制定方案引导学生进行训练，以生活化的展示活动，激励学生养成习惯。家委会、社区定期组织学生学习劳动技能，创设劳动实践基地供学生实践。多方联动是小学阶段实施劳动教育的基本路径。

坚持在实践中，让全体学生乃至教师、家长参与劳动实践；在劳动过程中，体验积极愉悦的情感，培植彼此之间真挚、温厚的情感，进而引发学生内心的责任感与自豪感；激发学生服务大众的热忱，以及利益大家、服务社会的情感。这样的劳动教育，是智仁勇合一的教育。体验快乐，养成习惯，是小学劳动教育的重点。

## 第二节　劳动素养大赛：校园劳动教育路径

小学劳动教育需牢牢把握"育"字的内涵。坚持德智体美劳"五育融合"的教育宗旨，弘扬劳动精神，从小培养学生的劳动技能和劳动意识，使学生树立正确的劳动价值观，让劳动成为每个学生的立身之本，为学生的终身发展打好人生底色。

在校园中开展劳动教育，重点是服务性劳动。利用校园中的各类空间与资源，引导学生积极参与劳动实践，认真履行职责，学习劳动技能，体验劳动情感，增强学生对教师、同学和学校的责任感；在学校中开展劳动素养大赛，让学生互相交流，积极分享，在共同奋斗中感通心灵，增进友谊。

此处以校园劳动素养大赛为例，阐述实现校园劳动教育的路径。

## 一、目标

在学校中培育学生的劳动素养，首先要确立劳动素养培育目标。适切的劳动素养培育目标，注重日常生活中的劳动技能。

低年级：

①通过日常的劳动实践，学会熟练使用卫生工具，掌握基本的清理方法，学会擦桌子、收拾地面等。

②通过日常的劳动实践，学会分类摆放物品，能够及时、有序、分类整理书包、课桌(书桌)物品，会准确、分类投放垃圾。

③通过日常的劳动实践，学会简单的食物处理，如择菜、洗菜、洗水果等，掌握1～2样简单食物的烹饪加工。

④尝试参加各类公益项目(如校园小义工)。

高年级：

①通过坚持劳动，会清洗自己的简单衣物。

②掌握物品的分类与归纳，学会独立整理自己的房间，能帮助父母整理衣橱等。

③学会安全使用烹饪工具，尝试为家人做拿手菜。

④乐于并坚持参加校园内外的各类公益项目(如校园小义工)。

## 二、形式

劳动素养大赛的开展，需结合学生的年龄特点和生长规律，立足学校学习、家庭生活、社会三个领域，并进行评价。下面以我任职的学校进行的劳动素养大赛为例来说明。

表 5-1　劳动素养方案

| 年级 | 必达项目 | | | 选达项目 |
|---|---|---|---|---|
| | 清洁类项目 | 整理类项目 | 烹饪类项目 | 公益类项目 |
| 一年级 | 1. 正确佩戴红领巾，清洗红领巾<br>2. 快速系鞋带，清洗袜子 | 整理书包、课桌（书桌） | 水煮蛋 | 无 |
| 二年级 | 1. 扫地<br>2. 擦桌椅<br>3. 擦窗台 | 整理书柜，做到有序、分类 | 炖蛋汤 | 1. 厕所小义工<br>2. 百草园治理小义工（拔草、施肥）<br>3. 校园纪律安全劝导小义工<br>4. 垃圾分类监督小义工<br>5. 食堂小义工<br>6. 书吧小义工 |
| 三年级 | 1. 清洁抹布<br>2. 清洗拖把并悬挂 | 学会垃圾分类 | 烧榨菜（紫菜）蛋花汤 | |
| 四年级 | 清洗蔬菜（如洗青菜、刨青瓜、择扁豆等） | 整理衣服，根据衣物材质合理叠放，有效利用空间 | 炒蛋 | |
| 五年级 | 清洗美术、书法用品和桌面 | 整理电脑桌面，做到快速、有序、类别清晰，便于查找 | 番茄炒蛋 | |
| 六年级 | 去除衣物上的各种污渍 | 根据事情先后顺序、轻重缓急制订计划 | 制作蛋饼 | |

面向全体学生的"劳动素养方案"可以分为必达项目和选达项目。清洁类、整理类和烹饪类三个项目的技能，要求人人掌握，每年学校会在寒假前确定考核项目，定期考核。公益类项目为选达项目，2～6年级学生可自愿报名参加。积极参与学校公益类项目的学生，优先参评该学期的各项评优评先。

## 三、评价

### （一）清洁类项目（范例）

一年级：学校给每个学生提供一个小脸盆、一块小肥皂和一个板刷，要求学生在6分钟内清洗干净袜子（或红领巾）并晾晒。比赛地点：学校西边操场边的水槽。

二年级：学校给每个学生提供一个扫把和一个畚斗，要求学生在2

分钟内清扫干净大约 5 平方米的地面。比赛地点：教学楼、行政楼、实验楼的走廊和各专用教室。

三年级：学校给每个学生提供一个脏拖把、一块抹布，要求学生在 3 分钟内将脏拖把清洗干净，绞干并正确悬挂。比赛地点：学校各楼层厕所。

四年级：学校给每个学生提供一根青瓜，学生自带刨刀，要求在 5 分钟内刨完一根青瓜。地点：各班教室。（青瓜刨完后，等评委评价结束，学生就可以享受自己的劳动成果）

五年级：利用美术课或书法课进行评价。要求教室及走廊的地面、桌面无水渍、颜料渍和墨水渍；厕所台面、地面、镜面保持干净。

六年级：前期布置研究性作业，要求学生研究并实践生活中常见污渍的去除方法。比赛时，一张桌子上放有 10 块沾有不同污渍的布，另一张桌子上摆有若干种去除污渍的物品，每轮参赛学生有 10 个，要求每个学生按学号取一块布，根据前期的研究和实践经验选择去除污渍的物品，并快速处理污渍，整个比赛要求在 10 分钟内完成。

表 5-2　清洁类项目评价表

| 年级 | 清洁类项目 | 要求 | 备注 |
|---|---|---|---|
| 一年级 | 清洗袜子（或红领巾） | 1. 学校给每个学生提供一个小脸盆、一块小肥皂和一个板刷。2. 要求学生在 6 分钟内清洗完一双袜子并晾晒。正确清洗方法：浸湿，摊平，上肥皂，洗刷，清水洗，拧干，挂晒 | 袜子学生自备 |
| 二年级 | 扫地 | 1. 学校给每个学生提供一个扫把和一个畚斗。2. 要求学生在两分钟内清扫干净大约 5 平方米的地面，并将垃圾倒在固定区域（每班一组，轮流开始） | |
| 三年级 | 1. 清洁抹布 2. 清洗拖把并悬挂 | 1. 学校给每个学生提供一块抹布（餐厅抹布）、一个脏拖把。2. 要求学生在 3 分钟内清洗干净脏拖把，绞干并正确悬挂 | |
| 四年级 | 清洗蔬菜 | 1. 学校给每个学生提供一根青瓜，学生自带刨刀，要求在 5 分钟内刨完一根青瓜。2. 青瓜刨完后，等评委评价结束，学生就可以享受自己的劳动成果 | 刨刀学生自带 |

| 年级 | 清洁类项目 | 要求 | 备注 |
|------|-----------|------|------|
| 五年级 | 清洗美术、书法用品和桌面 | 1. 利用美术课或书法课进行评价。<br>2. 要求教室及走廊的地面、桌面无水渍、颜料渍和墨水渍；厕所台面、地面、镜面保持干净 | |
| 六年级 | 去除衣物上的各种污渍 | 1. 前期布置研究性作业，要求学生研究并实践生活中常见污渍的去除方法。<br>2. 学校提供带污渍的布，脸盆。 | 学生自带除污物品 |

## (二)整理类项目(范例)

一年级：放学前一节课进入教室(经过一天的学习，各种学习用品散落在课桌角落)，要求每个学生在5分钟内迅速有序地整理好书包，做好放学准备。(地点：各班教室)

二年级：将书柜里的书整理干净，要求分门别类。(地点：各楼层书吧、阅览室)

三年级：前期研究学习垃圾分类和废物处理的相关常识。比赛时采用实践操作和模拟操作相结合的方式。实践操作：根据桌面上呈现的垃圾进行分类并丢入正确的垃圾桶。模拟操作：根据提供的问题，模拟进行正确的垃圾分类与投放。(地点：专用教室)

四年级：掌握叠各种衣物(袜子、T恤、衬衫、裤子、毛衣、羽绒服等)的基本方法。学生自带T恤、衬衫、裤子到校，在5分钟内正确叠好所带衣服，要求所叠衣服不会轻易散开，以节省储藏空间。(地点：各班教室)

五年级：电脑桌面上有满屏的文件，要求在5分钟内整理好桌面。(地点：电脑房)

六年级：以情景题的出题方式布置9项任务：

1. 找组长背课文。

2. 老师请你立刻联系总务处，教室的投影仪坏了。

3. 课后要喝水。

4. 完成课堂作业。

5. 和宣传委员一起出黑板报，周三检查。

6. 邀请好朋友周日来我家过生日。

7. 刚发的英语作业有错题，但我不知道怎么做，想请教老师！

8. 昨晚刚学会一个有趣的游戏，想和好朋友一起玩。

9. 晨扫。

每个学生根据任务情况，在十分钟内完成时间安排表，学习合理安排时间。

### (三)烹饪类项目(范例)

此项目由班级同学互评，每个学生邀请两名及两名以上同学到家中，亲自观看烹饪的全过程并进行评价，然后签名。

表 5-3　烹饪类项目评价表

| 烹饪菜品：水煮蛋 | 烹饪者： |
|---|---|
| 1. 挑选鸡蛋 | □没有经过挑选　□仔细挑选，避免破裂 |
| 2. 清洗鸡蛋 | □没有清洗　□用水冲一下　□仔细清洗 |
| 3. 将鸡蛋放入锅中，并加入适量水 | □随意添加水　□适量添加水 |
| 4. 打开煤气开始煮 | □需要大人帮忙　□自己打开 |
| 5. 取出煮熟的鸡蛋，放入冷开水中浸泡片刻 | □忘记这个环节　□完成这个环节 |
| 品尝后点评 | □鸡蛋半生不熟　□鸡蛋熟了，很鲜美　□鸡蛋煮得有点老<br><br>评价者： |

### (四)公益类项目

学校张贴海报，2~6 年级学生自愿报名，少先队负责挑选和培训，并根据入选成员排班。轮到的学生必须准时参加义工服务，并由相关教师或同学进行评价，期末根据评价得分进行考核。[义工服务包括厕所小义工、百草园治理小义工(拔草、施肥)、校园纪律安全劝导小义工、垃圾分类监督小义工、食堂小义工、书吧小义工]

劳动素养大赛，紧扣"自理、自主、自立"这条主线，以学生生活、学习中常见的典型问题为线索，遵循学生身心特点，以展示和交流为手段,重点引导学生学会生活,学习技能,学会自我服务、服务同学,进而服务社会。

# 第三节　居家劳动实践:家校一体

家庭劳动教育是劳动教育的重要组成部分。《中共中央　国务院关于全面加强新时代大中小学劳动教育的意见》指出:"加强政府统筹,拓宽劳动教育途径,融合家庭、学校、社会各方面力量。家庭劳动教育要日常化。"可见,家庭劳动教育是学校劳动教育的补充和延伸,将家长的言传身教、学生的自主劳动、丰富多元的家庭资源,与教师的引导融为一体,可实现劳动意识启蒙,促进学生劳动习惯的养成。

居家劳动实践活动可以从三个维度来设计:一是以物为基点,借助日常生活中常见的食物,分年段开展探究实践;二是以技能为关键,紧扣与衣食住行相关的技能,选定一个主题,横向铺排体验项目;三是以人为中心,针对学生的年龄特点,形成序列化家务清单,以项目化为基本设计思路,丰富日常劳动体验。

## 案例一:一个蛋的居家旅行

蛋是一种常用的食材,简单易得,烹饪方便,吃法多样,营养丰富。将蛋的各种烹饪方法,按照由易到难的梯度进行排列,要求学生针对不同年级的美食制作项目及要求完成作品,并和家人一起品尝,再由家长和学生本人,从色泽、香气、口味三方面,对"美食"进行打分。每种蛋的制作过程都以照片或视频的形式呈现,简洁的文字配上生动的画面,便于其他学生学习。

表5-4　一个蛋的居家旅行

| 一个蛋的居家旅行 | | |
|---|---|---|
| 一年级 | 水煮蛋 | 备注:<br>1. 使用厨具时注意安全,在家长的陪同下开启一个蛋的旅行<br>2. 清理厨具,保持灶面整洁 |
| 二年级 | 荷包蛋 | |
| 三年级 | 西红柿炒蛋 | |
| 四年级 | 鸡蛋饼 | |
| 五年级 | 蛋羹 | |
| 六年级 | 蛋炒饭 | |

整个劳动过程除了制作美食之外，还包括前期的食材挑选、后期的厨具收拾及清洗。学生在烹饪美食的同时，也感受到了家长料理家务的辛苦。遵循学生的认知规律、年龄特点和能力，将家务劳动具体化，为学生提供明确的指引，力求让每个年龄段的学生都能在富有趣味性的活动中有所收获。

### 案例二：我是家务小能手

洒扫应对皆学问。学生在家庭生活中的整理和洒扫应对等劳动问题，涉及日常生活的方方面面，都可以成为劳动教育的训练项目。将总目标细化为分目标，便于循序渐进地落实。例如，我们开展"我是小小整理员""我是家务小能手"等系列活动，让教师、家长和学生一起进行评价，逐步引导学生热爱劳动，学会自理。

表5-5　我是小小整理员

| 我是小小整理员 | | |
|---|---|---|
| 年级 | 家务 | 任务要求 |
| 一、二年级 | 整理书桌 | 分类整理，保持整洁 |
| | 叠被子 | 每天自己叠被子 |
| 三、四年级 | 整理房间 | 保持房间干净、整洁 |
| | 整理书柜 | 按书本类别整理 |
| 五、六年级 | 整理客厅 | 与家长一起整理客厅，保持客厅整洁 |
| | 整理厨房 | 与家长一起整理厨房，保持厨房整洁 |

表5-6　我是家务小能手

| 我是家务小能手 | | |
|---|---|---|
| 年级 | 家务 | 任务要求 |
| 一、二年级 | 扫地 | 与家长一同扫地 |
| | 擦桌子 | 学会擦干净桌子 |
| 三、四年级 | 拖地 | 独立拖地2～3次 |
| | 洗碗 | 在家长的帮助下洗碗 |
| 五、六年级 | 大扫除 | 与家长一起大扫除 |

表 5-7　我是小厨师

| 我是小厨师 | | |
| --- | --- | --- |
| 年级 | 家务 | 任务要求 |
| 一、二年级 | 煮饭 | 在家长的帮助下学会煮饭 |
| | 烧开水 | 在家长的帮助下烧开水 |
| 三、四年级 | 炒青菜 | 学会做一道菜 |
| | 煎荷包蛋 | 在家长的陪同下独立完成煎荷包蛋 |
| 五、六年级 | 制定菜谱 | 制定一天的营养菜谱 |

在学校，教师可以利用班会课、健康课，向学生讲述各项劳动任务的要求，如"整理类"，从在学校带领学生分门别类整理书包开始，让学生将习得的方法举一反三，完成其他高阶的整理任务。通过课上启发与课下实践相结合的形式，使学生真切体会劳动让家庭环境更整洁明亮，让家庭关系更和谐亲密。

**案例三：劳动小达人**

劳动技能的获得不是一蹴而就的，需要持续训练，精益求精。集合教师、家长的智慧，用成长的视野、系统的思维、生活的联结，因地制宜、就地取材，设计一个周期的居家劳动实践项目，确定任务清单。做到每周由学习一个技能，扩展到掌握一个当家本领，重点突出，人人参与，周周亮绩，在劳动技能学习中，产生真实的生活体验与感悟。例如：

表 5-8　每周家务作业单(二年级)

| 每周家务作业单(二年级) | | |
| --- | --- | --- |
| 周次 | 学技能 | 家务类别 |
| 第一周 | 叠被 | 打扫房间 |
| 第二周 | 洗碗 | 餐后清洗 |
| 第三周 | 淘米 | 学会做简单的饭菜 |
| 第四周 | 穿鞋、系鞋带 | 大鞋小鞋都搞定 |
| 第五周 | 叠衣裤 | 整理衣物 |
| 第六周 | 用刨刀削苹果 | 为家人削水果 |
| 第七周 | 用指甲钳剪指甲 | 为家人剪指甲 |

繁重的家务劳动经过分解，变成许多小目标，既明确了重点，分散了难点，又帮助学生树立了信心。培养学生爱劳动的意识、会劳动的能力，使学生逐步掌握生活技能；从而培育学生健康的生活方式、融洽的亲子关系，促进学生的全面发展。

# 第四节　劳动教育资源拓展：因时因地

每个学生、每个家庭、每所学校的条件和资源都是不同的，因此，劳动教育开展的方式和运用的资源等也各不相同，切忌一刀切、模式化。因地制宜、因人而异，量力而行、循序渐进是劳动教育值得参照的策略。根据学生、家庭、学校真实拥有的教育资源进行劳动教育，便于学生实践。

不少城里的学校每学期或每年都组织学生到农村劳作，殊不知校园的绿化带、生态池等就可以让学生认种，学校的边边角角也可以开展生态园、生物角的综合性学习。我们还看到过这样的新闻报道，说某些乡村学校开设了基于 STEAM 理念的劳动课程，如果真有相关师资、经费、技术等资源开设此类高科技劳动拓展课程倒也值得一试，但从整体来看，因地制宜开掘劳动教育的资源，因时、因人设置劳动教育的课程，更符合教育的规律。

学校立足现实，根据现实中存在的问题拓展劳动教育资源，因地制宜、因人而异，量力而行、循序渐进，是一条值得尝试的劳动教育之路。

### 案例一：基于校园"厕所革命"的劳动教育路径

小厕所，大问题，卫生间蕴含大学问。一所学校的厕所干不干净，往往代表着这所学校的文明程度、管理水准等。厕所问题不是小事情，它是基本的民生问题，厕所也是重要的文明窗口。在校园开展"厕所革命"，打造相关校本教育活动，是底色教育的重点内容。

学校从 2016 年 9 月开始，启动"小太阳厕所义工"项目，内容包括节水节电、文明如厕、自愿洁厕等。其中蕴含着诸多劳动，乃至人格教育的契机。

2019 年，"厕所小义工"在积累的义工体验中，收集了一些问题，比如，为什么厕所的地面有白色的水泥状污垢，不管如何用力清扫都无法弄干净？如何去污更有效？对此，小义工们成立了学习小组进行研究，他们还特意邀请科学组的老师作为指导。

首先，他们使用干净的拖把将厕所地面彻底进行了打扫，但是当地面干了以后，污垢依然存在，可见，单纯打扫力度不够。那么，究竟要用什么成分的物品可以去除这些污垢呢？大家又翻阅了大量资料，了解到厕所污垢都是碱性的，碱性的物质需要用酸性的物质去中和，所以可以用醋进行清洁，而洗洁精和小苏打又都具有清洁的作用，因此，经过热烈讨论后，小义工们决定使用终极方案——做一瓶"神奇水"试试，即醋＋洗洁精＋小苏打，按照１∶１∶１的比例进行混合，最后加入一些温水就成功了。

"但是醋有好多种，哪种的效果最佳呢？"新问题又产生了，学习小组继续实验，终于发现白醋最适合，因为白醋的醋酸浓度比陈醋的要高；白醋里面含有酒精，具有消毒的作用；白醋没有颜色，不会染色。

三月中旬，"义工集结号"吹响，所有厕所小义工带上各自的清洁工具，以及化学药品来到实验室配置"神奇水"。配置完成后，小义工们立刻去厕所进行了测试。经过三节课的晾干，小义工们再次来到厕所，他们发现污垢的确减少了许多，大家欢呼雀跃，"厕所革命"取得了阶段性的胜利！

当然，小义工们还发现，污垢并没有被彻底清除，细小的污垢依旧存在，看来"神奇水"还需要升级。问题不断，思考不断，小小的厕所也有大大的学问。在实践中思考，将思考付诸行动，边行动边学习，这才是真正的学习方式。广济"厕所革命"，正在进行中。

### 案例二：校外劳动教育资源的引入
### 舌尖上的传统饮食文化传承
——与缸鸭狗公司合作的传统饮食文化活动

如何让劳动教育与传统佳节融为一体？如何让传统饮食文化润泽学生的身心？如何让中华优秀传统文化转化为能让学生亲身体验的实践经历？学校与宁波市缸鸭狗食品有限公司进行了"小太阳传统饮食文化课程"探索。

传统饮食文化蕴含劳动教育的契机。学校以宁波春夏秋冬四季的代表性食品为载体，开展调查、研究、实践、拓展等综合性学习，传承文化，润泽人格。下面以2019年的中秋传统饮食文化活动为例。

经过"喜闹元宵""端午裹味"两季的打磨，实践活动逐渐形成了相对稳定的模式：活动前期的板报制作、主题班会让学生走近节日。活动当天分十大环节，包括有序就座，明确流程；观赏视频，了解来历；晒晒节目，共叙友情；组建团队，设计队名；竞赛抢答，知识比拼；六步洗手，穿戴厨服；教师示范，学生制作；放入托盘，书写感言；品尝美食，鞠躬谢师；合影留念，整理工具。活动后期，学生书写研究报告，总结收获。

9月30日下午，教育集团举行"小太阳饮食文化课程"第三季活动——中秋寄月，百余名师生共聚一堂，吟诵诗词歌赋，学习餐桌礼仪，自制各色月饼，品尝传统美食，体悟浓浓的传统文化意韵。

活动从播放有关中秋来历的视频开始，大家似乎回到遥远的古代探秘中秋习俗。伴随着悠扬的古琴声，中秋吟诗会拉开帷幕，五个校区的同学轮番登场，以诗会友，激情吟诵，师生们徜徉在中华民族悠久历史文化的长河中。"我爱说诗词"竞赛将活动推向小高潮，每校区各派出3名代表参加，大家显然是有备而来，诗句信手拈来，现场对答如流。

别开生面的热身活动积淀了学生对中秋的情感。在"缸鸭狗"大厨的专业指导下，同学们小心翼翼地把面团分成小块，搓圆压扁，又把馅搓成圆形，放在饼皮中间，沿着饼皮的沿慢慢往上推，包裹住馅料，然后放入模具中压制成型，一个漂亮的手工月饼就"诞生"了。豆沙、黑芝麻、蛋黄、五仁……一块块香甜的月饼出炉了，它们成了表达感恩之情的最好礼物，同学们纷纷给场上的家长、老师送上月饼，师长们吃在嘴里，甜在心里。

链接中华传统节日的劳动教育实践活动，集研究性与活动性于一身，倡导综合学习、互动参与，让学生在动手实践中，了解民俗民风，传承优秀传统文化，体会团队合作的重要性，塑造尊重他人的良好品德。传统饮食文化活动不仅让学生有亲身体验的乐趣，更能让学生感受到民俗中包含的民族智慧、华夏情感。

# 第六章

## 为学生的终身发展打下智仁勇底色

为学生的终身发展打下智仁勇底色，是底色教育的目的。人人明德本具，教育者身教言传、以身作则是教育的基本力量。本章主要从知行合一的角度，通过讲述切身经历的教育故事，将前六章的基本原理融入具体的事例之中。教育故事的角度是德智体美劳五育共融，内容大致有正人心、养"浩然正气"、专注力开发、餐厅育人、称书包、刷厕所、给学生写信等。

# 第一节 "正人心"的故事

"想让学生成为什么样的人，自己就带头努力坚持做这样的人；想让学生养成什么样的好习惯，就先从自己和身边的人开始实践；想要实现校园的变革，就从改变自己每天的言行做起。"这是我一直鼓励自己的信念。

作为在教育管理一线工作的探索者，体会最真切的是每天亲身经历的事，最活泼的是自己内心的体验。写至本章，内心有个声音越来越清晰：把和学生、同事、家长一起经历的底色教育的典型故事写出来，把自己的亲身体验写下来……

我所探索的底色教育，为学生的终身发展打下纯洁、温厚、真挚、报恩等底色，相关的探索贯穿于师生的一言一行，渗透在校园和家庭的各个角落，希望能有更多的人终身行之。

麻雀虽小，五脏俱全。教师、学生、家长、职工以及关心学校的社会人士，组成共同体。不同主体之间的作用，所掌握的信息，以及所处环境等不尽相同，不同学校的发展起点等也各不相同，但人心都是一样的。只要内心纯洁，真诚温厚，彼此理解，互相体谅，和合增上，我相信每所学校都能越办越好。其要安在？曰：正人心。

学校是育人的地方，如何激发全体师生积极向上的力量？校长、教师的言行力量特别重要。在日常管理工作中，我坚持探索"日课"管理法，日课结构日趋稳定。每日清晨五点多，天将亮未亮时晨起、洗漱后，便向读书群里的朋友、同事和学生家长打卡"早安"，之后如常进行晨读、晨练并分享。一群人互相学习、共同进步，彼此激发上进的力量，能够走得稳、走得远。到校后，如常巡看校园，去门卫室、教室、厕所、食堂等关键点查看，观察师生状态，发现安全隐患，检查卫生死角，有些问题当即处理，有些问题记录后供今后研究、处理。巡看校园，是校长基本的"日课"。除了去任课的班级上课，应约去相关的班级听课，根据不同的问题，召开会议是校长管理的必修课。我的做法是把会议开成"专题读书会"，把工作任务与法律法规、文件通知整合起来，把管理问题与古今中外的经典和管理理论对接起来，由表及里，举一反三，既能解决问题，又能拓宽视野，提升学习水平。中午去食堂及学生餐厅查看，与学生共进午餐，查看班级文明风貌，体验饭菜质量，看有无食品安全问题。"陪餐"不是任务，而是校长管理学校的真需要，贵在坚持。下午或参加会议，或参与听课，或自己读书，如不外出，独自或与学生义工一起打扫厕所。晚上回家，饭后读书、听音乐，睡前完成日记，晚十点入睡。自己的教育主张，需要自己做出来才有说服力。

人心都是向善、向上的，这是每个人都可以联系自身体验而得的。教育计划的制订，教学活动的展开，教学评价的实施，外部环境的调适等，都需要一个共同的出发点，那就是纯洁的心灵。如果彼此之间都怀有一份善意，就会多一份温暖的力量；如果彼此之间多一点理解，就能化解不少潜在的分歧甚至矛盾。

比如，食堂关乎每位教师、每个学生和家庭，学生午餐吃不饱，不但影响学习状态，更会影响生长发育；学生不喜欢在学校用餐，会耗费很多家长的时间和精力，家长每天给学生送午餐或接学生回家吃饭，无形中增加了家庭的负担，也拉大了家校之间的心灵距离……我在九年前刚到学校任职时，就与同事深入了解、调查，并经上级领导支持，将建设学校食堂、为全体学生提供午餐作为重要工作来切入。食堂建成后，当学生在校用餐率从原先的不到50%上升到95%以上时，学生的厨余垃圾却从之前的超过50%降到不足10%。传统文化饮食课程、食堂义工活动、厨余垃圾统计与玩创课程结合等逐步推进……当全体师生都能在学校舒心用餐时，当食堂成为教育问题真实的生长点时，学校的不少问题在无形中解决，人心更容易凝聚到一起。

学校管理过程中，难免遇到分歧、争议甚至矛盾，善意是化解矛盾的基础。记得有一年，个别班级在教师任课调整的过程中引发了家校争议。某家长在与学校交流时情绪激动，出言极端，甚至引发群体上访事件。我们在分析后认为：每个家长都希望自己的孩子好，这份心与学校是相同的；彼此之间身心状态、信息背景以及性格特点不同，有一些情绪也是可以理解的。我决定先安排受家长信任的教师进行家访和一对一交流。在交流过程中，教师了解到，家长情绪激动、出言极端既有对孩子过于关注的原因，又有家人身体不佳、经历重大手术等因素，还有自己的身体原因等。于是，学校先请其他教师拎着水果篮上门慰问，以真心换真心，以善意缓解矛盾，待该家长情绪冷静下来了，其他家长也就能够以更理性、耐心的态度去面对和接纳新更换的教师，矛盾也就逐渐解决了。

在学校中，倡导并践行肯吃苦、愿吃亏的风气，能凝聚人心。人人心中都有一杆秤。那秤砣就是每个人内心本具的光明良知。以身作则，上行下效，身教是基础；带动风气，建立制度是保障。学校值班，我们由行政人员带头，一般安排校长在正月初一或应急值班；每次遇到抗台或其他重大任务时，都由行政人员和党员中的男教师轮流值班。这种发自内心、自然而然形成的风气是难能可贵的。遇到评优评先，或者宣传报道时，充分发挥大家的力量，公开、公正地推荐合适的人选，校长和行政人员尽量推荐一线教师；碰到家长投诉、校园事故等，行政人员、教师总是挺身而出，敢于担当，勇于担责。肯吃苦、愿吃亏，是磨砺人、筛选人、评价人的一把标尺，也是感化人心、转变风气的重要标准。当我们心无杂念、至心为人、心怀真诚善意时，内心会觉得愉快。这种愉快的体验，是醇化校园风气的基石，是弥足珍贵的。

人人都希望他人真诚对待自己。自己以诚待人，是别人真诚待己的前提。对教师，我们经常举行恳谈会，与教师一起分析学校存在的优势和弊端，如实讨论学校发展过程中的问题，对问题不隐瞒，对困难不遮掩，来龙去脉搞清楚了，人心更容易凝聚，学校发展也会增加合力。对家长，我常常向家长征集他们对学校的意见和建议。与家长沟通，真诚是一种态度，也是一种自信，更是一种决心，以真诚换真诚，才能拧成一股绳。对学生，我们倡导师生之间真诚相待，知之为知之，不知为不知。坚持互相学习、研讨，争取做一个终身的学习者。

全体师生的言行，是学校文化的真实表现。正人先正己，管理者自身的言行，是管理的真力量。

## 第二节　养"浩然正气"

教育的核心，在于启发学生本有的高尚品德，克服不良习气，磨砺光明心性，养成良好的言行习惯。

全体师生、学校办学历史、校园文化等，都是重要的教育资源。

### 一、老义工的故事

陈老先生乐善好施，热心教育与公益捐助。1998 年，他开始向广济捐款，筹建学校，并多次带家人到访，不计回报，无私捐赠。2012 年陈老先生去世后，其长子陈敏春继续家族公益事业，分别于 2015 年、2017 年、2019 年访问学校，并成立教育基金会，赞助学校和教育集团的科创教育及困难学生结对，助力学校发展。

陈老先生小学肄业，遭遇战乱，中途辍学，半生经商，致力于国家纺织进出口事业；晚年坚持自学，先后出版著作近十本，生命不息，学习不止。

这位老者，就是坚持无私帮助学校的企业家陈绍华。勤劳勇敢、温厚纯洁、乐善好施、无私助人、终身学习……这不正是一个人应有的人生底色吗？这不正是教育的重要目的之一吗？2014 年起，学校开始编选校本德育教材，我们把陈老先生及其家人的善心善行，与学校师生多年来涌现出的美好事例一同甄选出来，以身边的故事，激励学生见贤思齐，勤学上进。

广济一直坚持义工活动，制定义工章程，开展义工活动，表彰义工事迹……广济义工活动，以"心无杂念，无私助人"为目的，尽力帮助他人，自利利他是生命成长的需要。广济义工活动，从身边的小事做起，自己的事情自己做，力所能及帮父母做家务，己立方可立人。广济义工活动，着眼于校园中的实际问题。厕所是学校最难管理的地方，我们从学生中招募志愿者，在校长和德育教师的带领下，坚持刷厕所，坚持至心为人。广济义工活动，提倡久久为功，贵在有恒。学校的"小太阳爱心义卖"活动坚持近二十年了，学生把自己心爱的小物件选出来，用自己的零花钱参与义卖活动，每年的善款都捐赠出来，帮助结对十多年的延安市南泥湾镇松树林小学设立图书馆，购买文体器具，帮贵州省贞丰县的学生设立奖学金。

自利利他，无私助人，是广济义工坚持践行和长期追求的方向。

## 二、举"贤"才的故事

推选谁，表彰谁，看起来只是学校工作的一个方面，其实事关学校文化和人心趋向。

推优评先，关乎甚大。每一年优秀教师的推荐标准，我们都反复讨论，并把"忠信"与"学高身正"等作为学校推选的依据。例如，有一年，学校推优评先规定了这样的标准。

遵纪守法，爱岗敬业；肯吃苦，肯吃亏；积极响应并实践学校的办学理念（以人为本，呵护天性，润泽底色）与校训（广阔的视野，济世的情怀）；履行岗位职责，积极承担并完成工作任务；积极创新，工作业绩明显进步。

在评选方式上，我和管理团队逐渐采用网络推选与集体讨论相结合的方式，以期让更多的教师和家长参与到师生评选过程中。以下是网络推优过程中写给其他教师的寄语。

各位教师：

年度推优评先是学校工作的大事。试行网络全员推荐，目的是希望年度考核和各级评优评先更加反映教师的真实心声。

学校是个大家庭，学校的发展离不开一大批默默无闻、无私奉献、敢于创新的同事。请大家多关注这样的同事：肯吃苦，肯吃亏；师德优秀，勇挑重担；坚守岗位，进步明显；践行校训，服务师生，敢于突破创新……

请从本年级（教研）组中推选您觉得优秀的同事。

请从本校区除本组教师外推荐您觉得优秀的同事。

请从另外一个校区教师中推荐您觉得优秀的同事。

如果您觉得还有人品厚重、表现优异、感动人心的教师或职工推荐，请写下他（她）的姓名。

学校、班级干部的推选评比，我倡议把良好的锻炼习惯放在首位，康强的精神必蕴于康强的体魄之中。引导学生养成坚持锻炼的习惯，重视身体的锻炼，应该有实实在在的举措和真实的导向。广济在三好学生、优秀学生评比标准讨论中，始终坚持"体育成绩优秀"这个标准。此外，学校还坚持将学生参与各类义工服务活动，家务劳动，学校各类玩创、艺术、科技等社团活动的表现作为重要的评优内容。坚持做家务，养成良好的劳动习惯，心无杂念，坚持参加各类义工活动等，是开发内心高尚品德的需要，当然应该成为推选各类先进的重要依据。

推选正直、善良、上进的师生，是树立榜样、端正校园风气、转化心灵的重要方式，需要长期坚持。

### 三、荣誉柱的故事

校园环境是育人环境的一部分。校园里有不少墙面、柱子等空间，可否因地制宜将空间改造成学生展示、交流、实践、创新的平台？

这里仅以学校"荣誉柱"为例来介绍。我目前工作的学校是一所传统的老牌学校。不少柱子的柱面旧了、破损了，该怎么处理呢？借鉴"谤木"和华表的立意，学校决定将柱子进行教育化改造。

设立荣誉柱的目的，是把校园的柱子改造成学生展示自我的平台，成为学生观察、探究、实践的资源，还可以成为促进学生生命成长的资源。

荣誉柱的主角是学生，教师只起辅助、引导等作用。栏目的设立由学生决定，内容可长可短，有图片则提供图片，有思维导图就张贴思维导图；交流方式由学生自主选择，可以随时观看，也可以自发讨论。

荣誉柱的内容是多元化的，顺应学生的个性，呵护他们的天性。义工可以分享自己的助人故事和身心愉悦的体验；小创客们可以展示自己的作品、创意，以及在参与玩创过程中的心得、思维导图等；喜欢运动的学生，可以展示自己坚持锻炼的过程，还有参与运动的体验；爱好艺术的学生，可以放置自己创作的作品，展现自己演奏的身影；坚持劳动是每个人成长的需要，学生可以把自己参与家务劳动、义工劳动的经历与同学分享。学习中有心得体会、奇思妙想或好的学习方法，也可以展示在荣誉柱中与同学共勉。生活有多美好，荣誉柱的内容就有多丰富。

荣誉柱的变化是动态的，根植于校园的学习、生活中。比如，学校每周都会升国旗，小升旗手们将自己的简介和学习生活动态张贴出来与大家交流；定期评比"进步之星"，不论基础如何，只要有进步，都可以推选出来在荣誉柱上展示。

校园应该成为学生生命成长的舞台和交流的平台，为学生提供展示自我的机会。

### 四、送礼物的故事

教师节到了，部分家长想给教师送礼，还有很多学长在犹豫或观望，该怎么引导；不少学生邀请同学参加生日派对，该不该参加，是否需要送礼，怎么教育为好；家长义工护苗队、法制副校长、特色课程义工、校外辅导员等，他们长期无私地为学生和学校奉献智慧和力量，该怎样启发学生送"礼"，让他们学会感恩、报恩……

我认为，"礼"源自内心的敬，滴水之恩，涌泉相报，学会报恩是一个人重要的人生底色；"礼"之要在诚，心意最重要，送过重或不合适的礼，轻则给人添负担，重则惹出纠纷，适得其反。

有问题选择合适的时机或方式如实说，有事情及时商量，家长与教师共同教育学生积极向上，就是送给教师很好的"礼"。礼不在饰貌，贵在质实。尊敬师长，彼此包容，互相学习，真诚相待，学习上认真踏实，上课专注听讲、不懂就问，生活中彼此尊重、互相包容，就是很好的"礼"。

学校与医院合作的生命健康课程进行了三年，怎样对无私付出的医生义工表达内心的感激？我们组织教师和学生一起讨论，最后形成共识：医生义工无私为我们教授健康课程，拍摄健康视频，我们理应表达感谢。师生决定每年组织一次义工座谈会，为医生义工颁发聘书，交流心得体会，当面表达谢意；部分有特长的学生绘制专题书画作品，经装裱后由校长和师生代表送给医生义工；适当购置有利于保护脊柱健康的手机搁板、阅读书架等，由师生代表送给医生义工。

德育故事，指向开发师生内心本具的高贵品格。

# 第三节 专注力开发的故事

智育的重点是什么？我认为，每个学生都有高尚品德和智慧，囿于种种习气或不良习惯，未能开发出来。学业成绩提高的根源，是身心的开发，其中专注力的开发，是学业成绩进步的关键。我们经常发现，学业成绩越优秀的学生，越具有专注的品质；学业成绩欠佳的学生，往往做事不专注，静不下心来读书；学业成绩优秀的学生，做事专注且持久；学业成绩优异的班级，专注读书的习惯好。

开发专注力的方法有不少，我认为，离开学习内容，脱离学生的学习、生活去训练专注力则缺少意义。专注力的开发，从听说读写思等入手，引导学生仔细聆听、有序说话、坚持晨读、专心书写或写作等，是值得尝试的方法。建议教师、家长从自身做起。教育者自己有体验，才能更好引导受教育者进步。

## 一、晨读（熟读）

语言是思维的外壳。磨砺专注力，提升思维品质的方法之一是坚持晨读经典。

坚持晨读（熟读）训练，是语言学习，也是磨砺学生专注力的重要途径。常用的语言，基本都是音、形、义三者的结合，与视觉、听觉和思维对应。如何让三者结合在一起，最有效的方法，就是熟读。读书要心到、眼到、口到。"口到"的基本要求是正确、流利，做到读正确，不添字，不漏字，停顿正确等，口到的同时，自然也有听觉的训练；"眼到"的基本要求是看仔细，逐步提高眼睛看的速度、准确度和效率等；"心到"的基本要求是专心致志，心中字字递接，与眼、口协调配合。

熟读训练，贵在有恒。一曝十寒不会有什么明显的进步。每天坚持用功，进步会在不期然之间出现。在熟读过程中，所有的字可以不明白意思，但一定要会念（可以先预习、查字典）。念熟之后，再查询资料或请教他人，会有恍然大悟、豁然开朗的乐趣。在这个过程中，持续专注的训练特别重要。经过实践我们发现，不论是教师、家长还是学生，只要长期坚持晨读（熟读）训练，无论是识字量、理解能力、表达能力，还是专注能力，都有持续、显著的提升，重点就在"坚持"。

熟读训练的内容，以经典为尺度，循序渐进，量力而行。对于程度好的学生，可以从朗读《伊索寓言》《唐诗三百首》《论语》《孟子》起步；对于程度一般的学生，可以从语文教科书、拓展阅读材料中起步。熟读训练的方法，最重要的是"少量、定时、坚持"：每天半小时左右的朗读量，可以从一周三天起步，然后逐步提高；每本朗读材料熟读十轮左右，轮流滚动，定时温习，以期达到熟读的目的。

熟读训练的时间，一般定在早晨上学前；一日之计在于晨，早上坚持晨读，有利于开发朝气蓬勃的力量，为一整天的学习生活打下基础。

熟读经典的训练，建议从教师、家长开始。我通过近五年的坚持晨读，逐步带动一批教师和家长开始晨读，学生的进步也就自然而然了。

开发专注、理解等多方面的能力，是开发智力、提升学习能力的基础。

## 二、"接着说"

经过长期的观察，我们发现当下的学生很会说，但不善于听；说着说着就跑题了，不擅长仔细聆听。久而久之，严重影响其专注力的进步，甚至影响学习能力和效率的提升。

在校园生活和各科教学的过程中，我倡导所有的教师坚持引导学生仔细聆听，要求课堂的应答"接着说"；对于自说自话、不注意聆听的学生，教师应经常提醒、耐心教育。

"接着说"的前提，首先是要求学生集中注意力聆听前一个或几个同学的发言，试着梳理、归纳，并提出自己的疑问，表达自己的观点和看法。

"接着说"起初只是一个简单的要求，但却可以持之以恒进行训练。仔细聆听他人的发言，既是一种尊重，也是多种能力的训练；仔细聆听，发现词语、句子之间的关系，提取要点，发现问题；仔细聆听不同发言者，认真比较异同，提取自己需要或感兴趣的信息，作为接下来发言的起点和基础，从而训练学生多种能力的开发。

"接着说"的训练，涵盖所有学科的交流。语文学科自不待言，有礼貌地说，紧扣主题说，按照一定顺序说等，本身就是语言和思维的训练，需要语文教师循序渐进展开训练。"接着说"更要求学生集中注意力聆听，并给出自己的意见或补充等；数学、科学、信息技术等学科的教师，可重点引导学生聆听他人发言中的逻辑；音乐、美术等学科的教师重点引导学生关注他人发言中对艺术有新意的欣赏和体验，以及不完整、不够严谨等地方，以备自己补充、完善。

坚持训练"接着说"，不但能训练学生的专注力，更能修养学生的人格。

# 第四节　午餐育人的故事

俗话说："站有站相，坐有坐相。"教育无小事，处处皆教育。校园里师生的言行，蕴含教育真谛。午餐中包含底色教育的根本。此须躬行，不逞口说。

自从学校实行自助午餐以来，只要在校，我喜欢与学生一起吃午餐。其间有几个故事很有意思，值得记录。

## 一、吃相

食堂是学校管理的焦点之一，也是其中的一个难点，很多工作交汇于此。食材质量，饮食安全，服务质量，饭菜口味，餐厅纪律，班级风貌，光盘行动……如何寻找一个"支点"，牵一发而动全身，值得管理者用心思考。

在国家推行"陪餐制"之前，我就习惯去学生餐厅，与学生一起用餐。长期与学生一起用餐，不但能体验生活，还能发现问题，进而改进工作。

长期在餐厅观察，我发现绝大部分学生能文明进餐，做好光盘，并能自觉将餐桌打扫干净，但有几类学生的吃相值得关注。一类是经常剩菜、剩饭的学生。我联系班主任，并与学生及家长谈话，了解到学生剩菜、剩饭的原因多种多样：学校食堂的饭菜不合口味，从小挑食，对部分食物过敏，还有只吃饭不吃菜的。另一类是吃饭时间过长的学生。还有的学生，多吃、多占、多拿，如有学生一次拿九个鸡腿的……

我发现，不同的吃相蕴含着不同的言行方式，背后是不同家庭教养方式的体现。

## 二、底线

经常与学生一起吃饭，观察学生、融入班级是一方面，感受后勤团队的烧菜质量、卫生水准是另一方面。另外，通过与学生一起吃饭，我还可以随时了解供菜公司的服务水平。这不，2019 年上半年就发生了一件事。

如往常一样，中午 11：30 我来到餐厅。查看完学生用餐后，我开始取菜、用餐。学生用餐井然有序，食堂义工服务到位，食堂工作人员认真负责。饭热、菜可口，一切如常。

饭后，我发现餐厨桶里有一些被学生吃了一半的橘子。照理说，每天学校下发的水果，是学生比较喜欢的；今天有不少学生丢弃了水果，值得引起警惕。我拿起学生餐厅的橘子，外表看起来色泽艳丽，但剥开一看，里面呈棉絮状。一吃，甜味很少，仔细观察整个筐子里的橘子，居然还发现有几个烂了。我又来到教师餐厅，拿起橘子一看，外形相似，但一吃感觉味道不同。问题出在配送的供应商那里。

接下来，我组织学校相关行政人员和教师，把供应商、食堂厨师长请来询问，直接表达了自己的看法：学生的午餐质量，代表着学校办学的良心，寄托着家长的期望和信任，也关系着学生一整天的学习状态，与身心健康息息相关，更关系到他们对学校的信任与认同。给教师和学生配送的水果质量不一样，原因值得深刻反思。

最终处理的结果为，给学生重新配送高品质的水果，供应商去慈善总会捐赠三倍的当日水果款，以作罚款；警示下不为例。

学校餐厅的质量，是每一个校长、教师应该用良知、责任心和智慧去守护的。

## 三、陪吃饭

一天中午，同往常一样，课后我步行前往食堂。快速查完各班学生用餐情况后，我在餐台前盛好饭菜，准备用餐。突然，旁边有位教师拉着一个高年级的男生走了过来，一手拿着还剩不少饭菜的盘子，一边快速地说着："校长，你看看这孩子！饭不好好吃，还强词夺理，说在家都是这样吃饭的，付了午餐钱，随我怎么吃！你给教育教育！"

我一看，好家伙，一边是学生满脸不服气，一边是教师情急强告状。

我当即请教师回自己班级区域，把学生拉到我对面的餐桌旁坐下。心急吃不了热豆腐，我决定先冷他一会儿。

看学生坐定，我便暂不作声，自己吃起饭来。一旁的学生来来往往，有吃好饭去放餐具的，有回餐桌打扫卫生的，也有吃好饭替低年级同学分餐具、做义工的……

平时在学生餐厅用餐，就有不少学生会围上来说话，这次见我对面坐了一个高年级男生，来凑热闹的就更多了。有的说："哇！校长，他怎么啦？是不是要挨批啊！"有的在一旁笑眯眯地说："校长，你拿的饭像一座小山，吃得完吗？可别不光盘哦！"(学校有用餐光盘的约定)还有的在一旁说："校长，他(指当事的学生)经常不好好吃饭，剩一大堆，还说'我就那样，在家也这样，你管得着啊'！"……我一边吃饭，一边示意学生们忙自己的事去，实在不愿意散去的，就请他们坐在一旁。

就这样，我静静吃饭，其他学生在一旁看着。一会儿过去了，渐渐地，这个学生的情绪也慢慢平和下来，他也被旁边学生的谈论吸引着，开始时不时用眼睛瞄我的餐盘，似乎也要看看我是否能把饭菜吃完。

五六分钟后，我吃完饭了，一如平日习惯，餐盘里的饭、菜、汤一点不剩。一旁有几个学生叽叽喳喳说开了："校长，你胃口真大！""校长，你为啥只吃蔬菜，不吃鱼和肉啊？"(我有吃素的习惯)……他们还在等着看"好戏"，毕竟，刚才被那位教师叫过来的男生还坐在对面哩。

我依然不动声色，不理会其他学生的说笑，微笑着对那个男生说："校长把饭吃完了吧?"他默不作声，点点头。我继续说："如果你有兴趣，今后随时可以到我旁边来，一起用午餐。"他尴尬地笑了笑，摆摆手说："不要，那还是算了吧。"我趁势接着说："那你知道我要跟你说什么了吧?"他红了一下脸，不好意思地说："知道了。"我说："回教室去吧！以后好好吃饭。"

旁边的学生一看啥事也没发生，一哄而散了。

有时，教育不需要过多的言语。安静也是一种力量。

## 第五节　称书包的故事

校园生活蕴含着教育契机。小书包里蕴含着大学问。整理、收纳、减负、生命健康、家校协作等都蕴含其中。

我们常常慨叹，学生的书包太重了！该给学生减负了！这样的问题，需要长期观察、思考和实践才有可能解决。小书包，大学问！

　　学生的日常学习、生活中蕴含着丰富的教育契机。用心观察，找到牵一发而动全身的"支点"很关键。书包称重就是其中的一个支点。

　　关注学生书包的重量，是从 2017 年开始的，源于关注学生的脊柱健康，如今是广济"小太阳生命健康课程"的重要内容之一，已持续多年。我们经常可以看到这样的现象：不少学生人小，书包却挺大，常常是背部明显往前倾，以承担沉甸甸的重量；更有甚者，居然用拉杆箱当书包。随手一拎，重量不轻！连续几个月请同事随机称重，结果不容乐观。低年级学生书包重量大致在 1.5～5 千克，高年级学生书包重量大幅度增加，个别书包重量甚至达到 10 千克左右，背在身上，连成年人都觉得沉。征得学生同意后，打开书包查看，发现有更多的工作要做：整理、收纳、减负……

　　研究表明，学生书包重量一般以不超过学生体重的 10％为宜。如果书包长期超重，会导致脊柱侧弯、高低肩、骨骼发育不良，甚至多种身心疾病。

　　为更好地解决这个问题，我们先与学校医学顾问一起商讨策略，与德育团队研讨分析，在全体教师会议上宣讲并及时告知家长，然后定期在学生上学、放学和课间进行书包随机称重，并对抽样称重数据进行分析讨论，最后将问题单独进行反馈。

　　研讨发现，书包超重的原因有多种：有的学生不善整理，造成资料、杂物等堆积在书包里；学业任务多导致书包负担过重；课程安排信息沟通不畅造成资料、文具多带……为此，我们建议德育团队在班级中开设书包、课桌整理的讲座，在学校每年的劳动技能大赛中专门设立收纳、资料整理等专题，供师生和家长一起学习、交流、展示。在家校本中设立专门的栏目，提前记录第二天的课业安排，在家校网络交流群及时提示课业变动信息。在减负方面，我们定期根据书包称重和课业负担调查等进行分析，建议分类布置可选择、个性化的作业，根据学生的情况制定学业方案。在班级环境的优化上，不少班级还订购了储物柜，让学生存放常用的学习用品。另外，如果条件允许，在充分考虑视力保护的基础上，还可以试行电子书包等。

　　学生稚嫩的肩膀上背着的小书包，蕴含着身心健康、劳动教育、轻负高质、家校协作等教育问题，值得每个有仁爱之心的人高度重视。

## 第六节 刷厕所的故事

底色教育贵在践行。肯吃苦，肯吃亏，热爱劳动，无私奉献……对这些品质的教育如何落到实处？几年来，我们尝试了义务刷厕所的实践活动。

厕所往往是校园管理的短板，也是校园文明状况的试金石。学校从校长、骨干教师做起，坚持打扫厕所，进而带动学生参加刷厕所活动。长期坚持打扫厕所，有助于改变校园的卫生、文明状况等，带动校园风气的转变。

2016 年，我尝试在学校刷厕所。其中的体验，可谓五味杂陈。

厕所中可发现管理短板。平日上厕所，只能感受到是否有异味，环境是否整洁。躬下身来坚持刷厕所，很快就会发现其中有门道：厕所冲刷的水哗哗地流，听久了就会发现节能问题，一查每个月的水费，触目惊心，尽快动手改装节水感应型装置，每月的水费减少一半以上。治理学校，绿色节能，应该落实、落细，从细节做起。仔细观察发现，每一楼层的水龙头配备等，需要进行合理测算。水龙头都没配齐，引导学生认真洗手，养成良好的卫生习惯，只能是一句空话；学生的真实想法，往往在他们离开教室、远离教师的情况下才容易表露，如喜欢玩什么游戏，容易讲什么段子，爱看什么电视剧或新闻，与谁有矛盾等。厕所是观察文明言行，寻找教育契机的窗口。留心观察，还会发现校园中个别学生有"憋屎"等问题，有的因个性害羞不敢在学校上厕所，有的因为卫生问题不想在学校上厕所，还有其他多种原因……学校管理的短板蕴含其中。

厕所中蕴含深层的含义。刷厕所看似简单，其实"非知之艰，行之惟艰"！联系自己的切身体验，我发现坚持刷厕所可以磨砺人。亲身来厕所打扫，俯下身子去刷大便、小便槽里的污垢，常常会看到污物，闻到令人作呕的气味。坚持打扫厕所，大家不但需要付出体力，还要克服各种心理障碍；坚持打扫厕所，大家容易对清洁工、保安、食堂人员等的辛劳有切己的体会。刷厕所贵在坚持，一天、两天没啥效果，一月、两月逐渐干净，一年、两年慢慢就能转变风气，影响他人，从而带动整个校园朝着勤劳、善良、奉献、坚毅、有恒的美好底色进步。

刷厕所对校园风气的影响。坚持刷厕所活动，首先影响的是学校的后勤人员。他(她)们每天在学校劳动，为师生服务，对于哪里不干净，哪里有问题，内心很清楚。我坚持刷厕所没几天，全校的卫生人员、保安师傅乃至勤杂工、厨师都知道了。有人来劝，有人来帮，有人静静观察，都是常见的反应。坚持久了，后勤人员对我的态度日渐亲近，我从他们的眼神里就能感受到温暖与真诚。持之以恒的行动，对学生也有影响，亲切问候者有之，议论纷纷者有之，很快就有学生加入了厕所清理的义工队伍。他们会与教师一起关注厕所的节水情况，厕纸的使用或浪费情况，地面的卫生清洁情况，厕所内同学的文明状况，甚至一起参与，坚持清洁厕所。厕所往往是学校卫生状况较差的区域，厕所越来越干净，校园其他地方也会整洁起来。真实、有意义、长期坚持的事，对同事、家长、社会人士等，都可能产生深远的影响。以下是刷厕所过程中撰写的一篇体会，或可表达一二。

一个阶段的厕所清理义工活动坚持下来，学校的厕所发生了改变，学生的言行在悄然变化，老师们也在转变，其中最重要的是自己的内心起了变化。

第一是管理问题。厕所与食堂往往是学校管理的盲区。最近两年，学校花功夫管理食堂，却忽略了厕所。第一周无覆盖地清扫教学楼的所有男厕所，给了我巨大的震撼：厕所下水道掏出来的东西"琳琅满目"；厕所里异味浓烈；男女生厕所状况有天壤之别（因人手有限，分别由卫生阿姨和几位男保安负责清扫）；厕所冲刷方式原始且落后，严重浪费水资源；厕所地面，尤其是男生小便槽累积污垢多；个别教师喝完茶后，竟然将茶叶直接倒在洗水槽里……学生的文明习惯教育怎样落到实处？学校后勤人员的工作态度究竟如何，对他们的管理怎样落实且高效？厕所旁边班级的学生每天为啥要关闭门窗学习？……问题都出在管理者身上。首先是管理层级的问题。学校由几个校区构成，按照正常的管理层级，厕所以及其他问题应该按照"总校长——校区分管校长——相关行政人员——负责老师——后勤人员——学生"的层级进行。但这样的流程的层级太多，效率低下，科层制的管理体系造成了资源浪费和效率低下等问题。尝试实行"扁平化管理结构"，是值得深思的。

第二是管理盲区的排查问题。清扫厕所后，我画了一张学校分工图，看上去虽然分工严密，秩序井然，但还是有很多管理盲区属于三不管或者人人都可以管的地带。责任心强的行政人员和老师尽心在做，但不少分工不明确的领域没人管理，如厕所、食堂就是典型的管理盲区。把这些管理盲区梳理清楚，实行校长直接管理，是下一阶段我要做的事情。

第三是管理价值观的问题。为什么厕所的质量和卫生状况引不起大家足够的重视？为什么学校餐饮质量不佳引不起行政部门足够的注意？除了上级部门考核没有覆盖，家长普遍只重视成绩外，学校的管理层和老师的办学视野、教育情怀，以及对学生健康成长的重视不足都成了这些短板的重要成因。

第四是设备改造的问题。学校厕所是2013年启动改造的。细细审视这个改造工程，厕所里的下水槽是按照设计图用不锈钢铺的，不如瓷砖耐腐蚀；厕所地砖凹槽很深，容易累积污垢；厕所的冲刷系统原始且落后，没有智能节水装置，大量的水哗哗冲下去，效果又差，要改动设计似乎比登天还难，得经过层层审批；厕所安装的灯如蜘蛛网一般，居然是按照教室的光照标准设计的，线路裸露，毫无美感；厕所居然没有设计门，记得自己上小学和初中的时候，最没有安全感的地方就是厕所，经常会担心别人进来，一览无余，同学之间互相捉弄，对这种恐惧感印象很深；厕所没有装厕纸的地方，万一学生没有带厕纸该怎么办；厕所没有安装排气系统，空气容易混浊；厕所改造，是其他单位代管的……学校的厕所，从现行学校工程的改造程序来看，招投标、设计、施工、监理等，学校几乎插不上手，最后工程的使用者却是学校的老师和学生。就此问题，我专门请教了专家，厕所的改造大有学问，也有本身的规律，从设计立项和选材，到施工管理等，学校就该深度介入，用教育的理念关照和落实，全程参与整个过程。厕所是学校教育重要的窗口。上周，我和学校信息中心主任一起查看了每个厕所，请学校创客中心的老师、家长义工和学生，为厕所做一些节水、监控等创客项目，希望能让创客和生活、德育结合起来。

第五是德育的问题。现在的教育，核心素养概念很红火。个人认为，文明素养应是每个人最重要的核心素养，理所当然是德育教育的切入口和关键点。用餐应该注意哪些礼仪？如厕应该有哪些讲究？对这些知识的普及是基础教育应该担当的责任。教师应该从学生入学的第一天起就教给他们文明如厕，良好的如厕习惯可否拍成简短微课请学生观看、学习并讨论？对学校学生干部的要求，第一项任务能否定为和校长、老师一起认领、清扫厕所(前提是自愿)？学校除了已经有的食堂学生义工外，清扫厕所、卫生保洁、管理图书等可否招募义工队伍进行服务，让义工文化润泽学生成长？每个班级的扫把和拖把可否定位清楚，摆放整齐？……我请大队辅导员找了一些学生，分别给学校的厕所设计文明提示语，请学生自愿认领厕所。怎样把学校当成自己家？厕所是一个很好的行动起点。

第六是人性的问题。人天生喜欢美好的事物，喜欢安逸享受，我想，应该没有人天生喜欢厕所。就我个人而言，第一次去厕所打扫，内心还是有厌倦情绪的，看到恶臭的大便，有反胃呕吐的反应。看着各种杂物和污渍，闻着难闻的气味，清扫完一身大汗，身体感觉反倒爽快不少！"习劳则神钦！"打扫厕所一段时间后，我的内心开始发生变化：厕所其实是为自己扫的，每一次清扫厕所，自己对管理的责任就会清晰一分，不切实际的想法会少一些。好几次清扫厕所后，学生闹哄哄地来"检查"我的成果，还呼朋引伴地叫上同学来观看，我平静地看着，开心地笑着，学生和我似乎亲近不少；清理厕所的过程，伴随着老师的议论，但更多的是惊讶和佩服，说他们的校长，还是实诚的。清扫厕所几周后，我当着全体师生的面，用周一国旗下讲话的时间，汇报了自己清扫厕所的感受和发现，整个过程伴随着学生的惊讶、哄笑和沉默。之后的好几天，不少家长通过微信或者电话跟我交流，说学生回家后兴致勃勃地和家长讲校长扫厕所这件事。上学、放学和课间，更多学生跟我打招呼问好，我的脸上自然露出笑容……任重道远。

清理厕所的过程，是清空自己的过程，是发现问题的过程，也是体验人性的过程。才起头，慢慢做，功夫到了，自然会改观。

## 第七节　给学生写信

学校管理，千头万绪，如何切中要点？

学生教育，千变万化，如何抓住纲领？

师生观念，林林总总，如何引领转向？

在践行底色教育的过程中，我坚持给学生(家长、教师)写信；在开学、休业式、毕业典礼等关键节点讲话，叮嘱要点，表达期望；针对底色教育实践中的典型问题，进行专题剖析，适时演讲，展开讨论；面对大形势，化繁为简，简明扼要，表达观点，切己体察。

这些书信、演讲、专题发言等，会以广播站、集会等形式发布，并公布在微信公众号、网站上，供全体师生及家长讨论。现选取其中几份进行分享。

### 心向光明　脚踏实地
——给 2018 届毕业生的赠言

同学们：

你们即将告别广济，开启新的人生征途。临别之际，我代表母校的老师们，送上几句心里话，以表达期望。

心向光明。生命的意义是什么？这是人生最根本的问题。出生在中国，能认识汉字，是很幸运的！几千年的中华传统文化，核心内容之一是：如何做人。人生，当以立志为本。王阳明先生说："志不立，天下无可成之事，虽百工技艺，未有不本于志者。"①无论生活、读书，还是将来工作，都应该以确立光明志向作为头等要事。"广阔的视野，济世的情怀"是我们的校训，广济精神的实质是"智"和"仁"。我们每个人的本质都是光明的，无论你成绩好坏，家境贫富，身材高矮，每个人都有光明的本性！在今后的学习、生活当中，如果能不断开发内心的光明，努力成为一个"仰不愧于天，俯不怍于人"②的"广济"学子，这就是践行光明志向的过程。什么是光明？当你努力付出时，内心就是光明的；当你真诚帮助他人时，内心就是光明的；当你报恩于对自己有帮助的人时，内心就是光明的。总之，当你至心为人时，内心必有光明！这种光明，是我们人生最宝贵的成功，超过成为"首富""元首"等外在的收获！老师期盼，所有的广济学子都能立志做一个堂堂正正的人，内心仁厚，待人真诚，做事专注，向着自己内心的光明不断努力，坚持不懈，精益求精。这样的人生才有意义！

脚踏实地。做人体现在做事上。光明的志向需要我们的终身实践。志向的追求，贵在把握根本，《大学》中说："物有本末，事有终始，知所先后，则近道矣。"③对同学们而言，"身心"的开发是本。叶圣陶先生曾

---

① （明）王守仁：《王阳明全集·教条示龙场诸生》，1073 页，上海，上海古籍出版社，2011。

② （宋）朱熹：《四书章句集注》，第 2 版，361 页，北京，中华书局，2012。

③ （清）阮元校勘：《十三经注疏·礼记》，983 页，台湾，艺文印书馆，2013。

说："学校教育定出各种科目叫学生学习，只为帮助他们确定切合人生的人生观。"①"他们所必须的是以种种知识为基础，立于真实的人生观上的教育；便是'怎样做人'的教育。"②知识的学习，是我们开发自己光明的手段，而不是目的。孔子说："知者不惑，仁者不忧，勇者不惧。"③只有坚持开发智、仁、勇的光明本性，人生才会越来越明亮，前途才会越来越广阔。志向的追求，还要注意取舍。"少则得，多则惑"，建议同学们紧紧抓住"身心"这个根本，自爱自强，孝敬父母，尊敬师长，团结同学，在学习上独立思考，分清主次，敢于取舍，全力以赴，坚持钻研。如果人云亦云，随波逐流，贪多求广，到头来很有可能"还是一场空"。志向的追求，更要学会踏实去做，以行为主！每天坚持读书、锻炼，努力做到态度端正，思想集中，意志坚定，勤勤恳恳！

改过自新。王阳明先生说："夫过者，自大贤所不免，然不害其卒为大贤者，为其能改也。故不贵于无过，而贵于能改过。"④这句话蕴含着活泼泼的生命学问，值得我们一辈子去实践。孔子说："君子求诸己，小人求诸人。"⑤孟子说："行有不得者，皆反求诸己。"⑥这些先贤都在教诲我们，人的一辈子，应该走在开发自己、充实自己、完善自己的光明大道上。遇到矛盾，要先做自我批评；碰到困难，要多找自身原因；面临挑战和机会，常检点自己的心态和能力。改过自新是真成长！

同学们，毕业是小学阶段的终点，却又是人生全新的起点。人每时每刻都在变化，然而，追求自心的光明是不变的方向！老师真心希望，今后永远不变的是：全体广济学子内心的光明与仁厚，坚韧和勇敢，自强与谦虚。希望大家脚踏实地，心向光明！

纸上得来终觉浅！底色教育，贵在践行。关于践行这个问题，我也专门给学生写过信。

---

① 刘国正：《叶圣陶教育文集》，第二卷，14页，北京，人民教育出版社，1994。
② 刘国正：《叶圣陶教育文集》，第二卷，19页，北京，人民教育出版社，1994。
③ （宋）朱熹：《四书章句集注》，176页，北京，中华书局，2012。
④ （明）王守仁：《王阳明全集·教条示龙场诸生》，1074页，上海，上海古籍出版社，2011。
⑤ （宋）朱熹：《四书章句集注》，166页，北京，中华书局，2012。
⑥ （宋）朱熹：《四书章句集注》，283页，北京，中华书局，2012。

# 说得一尺，不如行得一寸

## ——2017学年开学寄语

同学们：

当我们还在回味暑假的时候，它却像一只鸟儿，振翅飞走，不再回头。2017学年开始了，老师有几句话想跟你们说，供大家参考。

孔子说："君子耻其言而过其行。"①我们不要做语言上的巨人，行动上的矮子。人生短短几十载，少说多做，把自己的想法转化为踏踏实实、持之以恒的行动，实在是顶要紧的事。在这里，老师想说三层意思。

立志为本。行动前不立志，就像人没有脊梁。人没有目标，容易迷迷糊糊，前后颠倒。人生当以确立并践行光明的志向为本。老师建议，每个同学在行动之前，都要考虑清楚自己的目标是什么。大家虽然只是小学生，但结合自身，确立真切的人生志向依然是重要的事。老师认为，立志成为一个堂堂正正的人，就是很好的志向。希望每一个广济学子，都能打下真诚、明善、健行的人生底色。

行贵有恒。绳锯木断，水滴石穿，坚持是巨大的力量。孟子是我国古代的大圣人，孟母为了教育他，不惜以"断机杼"来警醒孩子。老师建议每个同学都能为自己制订一两个可以坚持的"日课"，如晨读、晨跑、省行、整理等。与其空谈大道理，不如把事做踏实。做人先做事，做到了，能坚持，道理才算真明白。

做要切己。"君子求诸己，小人求诸人。"②我们应该把功夫下到自己身上来。老师建议，每一个广济学子，每天都应该做这样的"作业"：每天运动半小时，因为运动能培育我们勇敢、坚毅、自信、阳光的人格；坚持为家里做家务，劳动能培养我们勤劳、朴实、谦虚、报恩的美德；每日读几页好书，选择经典，坚持朗读，量力而行，口诵心惟，读书能丰厚生命的意义；天天睡个好觉，食饮有节，起居有常，早睡早起，健康成长。

坐而谈，不如起而行。新学期一开头，老师希望同学们心向光明，把自己的理想扎根在踏踏实实的行动中。不积跬步，无以至千里。说得一尺，不如行得一寸。祝同学们身心健康，学业进步！

---

① （宋）朱熹：《四书章句集注》，第2版，157页，北京，中华书局，2012。
② （宋）朱熹：《四书章句集注》，第2版，106页，北京，中华书局，2012。

不少家长、学生，甚至老师认为，学生过节、过生日，应该享受节日的祝福。底色教育观认为，自立对学生而言非常宝贵。我们坚持这样倡导，也在努力践行。

## 儿童节　自立节
### ——六一节寄语

亲爱的同学们：

今天是六一国际儿童节，是你们的节日，首先祝你们节日愉快！除此之外，也有几句心里话想与你们交流。

一、做一个自立自强的人

大家知道六一国际儿童节的由来吗？它是为了悼念全世界在战争中死去的儿童，反对伤害儿童，呼吁全社会保障儿童的权利而设立的。儿童节那天，大家或多或少都会得到比平时多一点的关心与祝福，有的还会收到礼物，但如果把儿童节仅仅看成是如此，我想是远远不够的。

在儿童节，长辈们对你们的关爱，其本意是为了让你们成长得更好；真正的成长，是让你们能从小确立远大的志向，自强自立，终身坚持开发自己本具的高尚品德。孔子曰："夫仁者，己欲立而立人，己欲达而达人。"①先哲的教诲，值得新时代的儿童终身践行。

自立才能快乐。小时候，我在妈妈的指导下学习洗衣服、晒被子，虽然会感到腰酸背疼，但每次穿自己洗的衣服，盖自己晒的被子，都会特别快乐，衣被里的阳光味儿似乎也很香。读小学的时候，我学着种菜，从整理土地、播种、施肥、浇水再到除草等，自己种出来的菜，感觉特别好吃，春游时带着自己的劳动成果，感到心情愉快……我想，你们中的大部分都应该有这种体验吧！儿童节，更应该是自立节。自立有真乐，依赖常常苦。疫情期间，老师看到不少同学把自己的生活管理得井井有条，爸爸妈妈上班，你自己在家也能学习。做自己的主人，是多么快乐！饭来张口，衣来伸手，暂时感觉方便，很快就会觉得无趣、无味。

自己的事自己干。自立自强，才能不断开发智慧；懈怠，百病皆由是出。生活中，坚持学习做家务，学着做菜、洗衣服。劳动不但能提高

---

① （宋）朱熹：《四书章句集注》，第 2 版，92 页，北京，中华书局，2012。

我们的自理能力，还能帮助我们放大心量，培养精细、坚持、报恩等品质。学习上，自己的书包自己整理，自己的学习用品自己准备，自己的学习计划自主制订，实在有困难再求助父母、老师和同学，突破自己，是真正的成长！

二、做一个无私助人的人

常言道，助人为乐。老师想与大家分享的是，心无杂念，无私助人，常常能体验到发自内心的愉快。借给同学文具等用品，内心很愉悦；帮老师打扫教室、拿取作业等，内心很充实；邻居有困难，帮他们拎东西、开一下门，事虽小，却能温暖人心，更能快乐自己；门卫爷爷、卫生阿姨，乃至身边不认识的人，每当我们真心付出、帮助他人的时候，内心的愉悦往往比很多外在的东西更真切、深刻、持久！

无私助人，是成长的需要。我们每个人都有高尚的品德。同情心，是智慧成长的基础。我们常常会发现，帮助他人，收获最大的是自己。认真为同学解答难题，尽管辛苦，但内心很愉快；为同学分享专题介绍，尽管准备的过程比较长，还需要搜集不少资料，但完成并分享的时刻，你会发现自己学到的更多；策划义卖方案，组织公益活动，参与募集活动……你的收获与自己的投入成正比，你的成长与用心程度密切相关。

无私助人，从力所能及的小事做起。三国时期蜀国的刘备，在临终前告诫自己的儿子：勿以恶小而为之，勿以善小而不为。好事不怕小，贵在用真心。坚持帮爸爸妈妈做家务就是很好的事，父母工作很辛苦，分担家务，是我们的责任；坚持把家里的垃圾进行分类就是做好事，能够保护环境，利益社会；路上看到果皮纸屑，随手放到垃圾桶就是做好事，环境整洁，景美心美；在学校用餐，按需取食不浪费；在班级上课，专注听课不分心，在课间玩耍，文明谦让不打闹……做好分内之事，体谅他人，量力而行，无私助人，贵在坚持。

同学们，六一儿童节，希望你们心向光明，身心进步！


在创建文明城市、文明校园的浓厚氛围中，不少师生、家长认为，文明是外在的要求。对此，我专门写信，与全体师生进行讨论，并在达成共识后自觉践行。

## 文明，是为己之学

高尚品德，人人本具。在大力倡导文明之风的当下，有必要与大家讨论这个话题。文明不是为了别人，而是为了我们自己。

文明，是为了修养自己。不少人把文明当成外在的道德要求，其实不然。践行文明，是开发自己、修养身心的需要，这是每个人都可以联系自己的体验而得的。做人真诚坦荡，做事尽心尽力，身心轻松愉快；遇事多替他人着想，比如，生病咳嗽时自觉捂住嘴或戴口罩，一起进餐尽量用公筷公勺，在公共场合举止文明礼貌，别人和自己是一体的；帮助他人，快乐自己，同学有需要，我们尽己所能去帮助，他人有困难，我们心无杂念去付出，让我们坚持至心为人。嘉言懿行是为了开发自己内心本具的高尚品德，文明言行是发自内心的需要。

文明，需要坚持践行。人前人后，自觉践行，言行一致，表里如一。对己严格要求，常见己过；对人真诚相待，宽厚包容。仰不愧于天，俯不怍于人，其中有真乐。每日用餐，要多少取多少，不挑挑拣拣，不随意剩饭剩菜，"一粥一饭，当思来之不易；半丝半缕，恒念物力维艰"。看到环卫工人每天天蒙蒙亮就开始劳动，我们每个人都应该尽量减少垃圾丢弃，自觉进行垃圾分类。自己有多少能力，就做多少事，不该得的一分也不要，不该拿的半点也不取。内心坦荡，手脚干净，诚实守信是文明的基础。文明，是靠一点一滴做出来的。

文明，须从小事做起。对我们每个人而言，文明不是高大上的口号，而是小细实的具体事情。自己的事自己干，每天坚持做家务，这就是文明；专注听课，认真值日，班级的事情尽心做，同学的事热心帮，这就是文明；遵守交通规则，践行文明习惯，随手捡起路边的纸屑，顺手帮邻居倒垃圾，于细微处见精神，这就是文明；利益大家的事坚持做，于风气转变、社会进步有益的事用心参与，文明不论大小，只论尽心与否。

文明，值得终身学习。文明言行，源于内心本具的光明，需要不断提纯，坚持磨砺，终身学习。孝敬父母是重要的文明素养，但怎样才算真正的"孝敬"呢？做好自己分内之事是孝敬的基础，发自内心尊敬父母，真心为父母的身心事业考虑，一家人积极上进，互相学习，和合增上。践行文明的关键是勇于知过改过，有善则迁，有过则改。修己安人是高层次的文明修养，需要树立远大志向。抓住"身心"这一根本踏实努力，抓住一切机会，心无杂念、无私助人，这样的学问需要亲师取友，坚持用功，终身学习！

文明言行，利己利他。让我们一起学习，踏实践行！

以上只是践行底色教育中的几个片段，其目的是通过教育者自身的言传身教，努力为学生的终身发展打下美好的人生底色。底色教育需要所有教育主体坚持学习，端正心念，和合增上；底色教育需要全体师生专注向内，踏实用功，坚持不懈。

## 底色课程——广济底色，快乐成长*

# 学校简介

宁波市海曙区广济中心小学创办于 1964 年。1994 年，宁波市爱菊艺术学校在原广济红领巾艺术班基础上成立；1999 年 9 月，新校舍在原址落成，并附设哲英书画学校。2002 年，在联丰世纪苑设立广济中心小学实验校区。2016 年广济华天校区成立；2017 年，广济中心小学教育集团成立；现有广济街、世纪苑、华天、横街、望春五个校区。2014 年，学校以"广济底色，快乐成长"为目标，启动课程改革，课改成果被《中国教师报》《浙江教育报》等媒体报道。学校先后被评为全国首批科技体育传统学校，浙江省文明单位，宁波市先进基层党组织，浙江省深化义务教育课程改革先行学校，浙江省中小学评价改革典型培育学校，宁波市课程改革样本学校，宁波市课改实验区学校，首批"中国新样态联盟学校"等。

何为教育？教育为何？我们要从源头做哲学性思考和梳理，厘清教育的责任与界限。《说文解字》有言：教者，上所施下所效也；育者，养子使作善也。"学之为言效也""习，鸟数飞也"。① 因此，从源头上看，教育的主要方式是身教，学习主要是通过效仿获得觉悟，教育的要义之一就是"明善而复其初"。"人"是教育的出发点，也是教育的归宿。顺应

---

\* 本文由黄铁成、王瑶合作撰写，周蓉、叶青、马霖霞等同事对本文有诸多贡献。

① （宋）朱熹：《四书章句集注》，第 2 版，179 页，北京，中华书局，2012。

学生的天性，发现学生的潜能，培植学生内心的本具之德，就是教育的本质。

广济中心小学以培养"真诚、健行、明善"的人为己任，倾力打造底色课程，围绕"广济底色，快乐成长"的目标设计课程体系，开展教育活动，重新审视不同课程的本质价值，打破课程边界，连通学和习、知和行，呵护每一个学生的天性，润泽每一个广济学子的人生底色，帮助每一个学生成为最好的自己，从而为学生打下智仁勇的底色。

## 一、课程的提出：传承"广济"文化，以"底色教育"重构课程

广济是宁波市第一批对外开放的学校，是宁波市首批重点小学，先后融入了十多所学校，曾设少体班、"戴帽"初中、文艺班等，并于1994年孕育了宁波市爱菊艺术学校。一次次的变革、创新，成就了广济"人本自主、视野广阔、文化包容、特色多元"的办学特色。"广济"这两个颇有韵味的字眼中，蕴含的是广济人对教书育人的虔诚。

"广济"二字，其本质是智和仁。

广者，大也，是崇学的态度、明善的品质。对世界充满好奇，对新知识充满渴望，不断充实自己、完善自己，是其要义。

济者，助也，其核心是真诚、仁爱的品质。内心谦和，做事朴实，待人真诚，对世界充满包容，是其要义。

立德树人，以"心性为本"，着眼于全面发展。基于对校名的充分挖掘与校史、校情等资源的紧密结合，学校将"广阔的视野，济世的情怀"作为校训，以"培养拥有广济底色的人"为育人目标，以"为学生的终身发展打下广济底色"为办学宗旨。

概括起来，广济学子的"底色"应包含以下几个内容(见图1)。

**图 1　底色教育结构图**

真诚。待人真诚、友善，是广济学子应有的人生底色。诚，信也。"诚者物之终始，不诚无物，是故君子诚之为贵。"①"诚者，天之道也；诚之者，人之道也。"②

健行。健康、自强、坚韧是每个学生应有的人格底子，也是广济学子应有的人生底色。

明善。向善，是崇学的态度，是不断充实自己、完善自己的人生态度。"人性皆善，而觉有先后，后觉者必效先觉之所为，乃可以明善而复其初也"③。

在"广济底色"教育观的统领下，全面推进以擦亮学生人生底色为中心的学校课程体系建设。遵循生本化、包容性、选择性、因地制宜等原则，以课改文化为根本，以制度为关键，以接地气的课程资源为保障，做到基础性课程开齐开足，落实到位，拓展性课程优化标准，创新资源，形成特色。

①　（宋）朱熹：《四书章句集注》，第 2 版，34 页，北京，中华书局，2012。

②　（宋）朱熹：《四书章句集注》，第 2 版，94 页，北京，中华书局，2012。

③　（宋）朱熹：《四书章句集注》，第 2 版，47 页，北京，中华书局，2012。

## 二、课程体系的构建

在"以人为本，呵护天性，润泽底色"的课改理念引领下，针对"拥有广济底色的人"的培育目标，形成了"三维两类"的底色教育课程体系，建构了"基础性课程＋拓展性课程＋社团"的课程群落模式。

从培育目标上分，"广济底色"课程分三个维度："厚仁""培勇""启智"。每个课程对应三大培育内容，"厚仁"课程指向诚实、朴实、诚信，"培勇"课程指向健康、自强、坚韧，"启智"课程指向崇学、勤奋、向上。

从课程的表现形式分，"广济底色"课程分两个类别：显性课程和隐性课程。显性课程由基础性课程和拓展性课程两部分组成(见图2)，为学生的个别化教育和多样化发展提供平台。

基础性课程意在促进学生基本素质的形成和发展，体现国家对公民素质的基本要求，确保每个学生具备终身发展和适应社会所需的思想道德素质、科学文化素质和健康素质。

拓展性课程意在开发学生的潜能，促进学生个性的发展，体现学校的办学特色。包括厚德课程(传统文化类)、博爱课程(德育实践类)、崇学课程(学科拓展类)、创新课程(科技创意类)、健体课程(体育健康类)、向美课程(审美艺术类)、自理课程(生活技能类)七大类课程。

厚德课程：以中华优秀传统文化为突破口，从经典中习得礼节与美德，达到文化熏陶与人格培养的目的。

博爱课程：公益实践活动、餐厅服务志愿者……开辟校内外实践基地，开展各种实践活动，倡导在体验中明理。

崇学课程：文字探秘、数学游戏系列、英语跨文化系列、头脑风暴……主要是国家课程的校本化实施，让学生学得愉快，提高学科素养。

创新课程：图书漂流系统、自动滴灌、自动板擦……建构"基于学生科学素养培育的玩创教学"的学习观、课堂观、评价观，为不同层面的学生提供个性化的玩创课程，在教学中解放学生好动、贪玩、喜欢探究的天性，唤醒学生的创造潜能。

健体课程：棋类天地、体育游戏、体质训练……根据学生身体发育特点，开设普及与提高并行的课程。

向美课程：数字油画、毛笔书法、创意手工、文具DIY……开发各类音、美课程，让学生动手实践，发挥创意，提高学生的才艺修养和技术水平。

自理课程：自救自护课程、生活家政课程(每周学道菜＋学做家务)、生活技能……通过一系列接地气、生活气息十足的课程，培养学生的生存、生活能力。

**图 2　广济中心小学课程结构图**

隐性课程分成物质性、制度性、心理性、活动性四类。校园文化建设、校园活动设计都围绕课程展开，使学生置身于充满课程元素的环境中，在潜移默化中学到知识，得到发展。

学校课程内容表如下：

表1 广济底色课程内容表(例举)

| 育人目标 | 校训 | 培育品质 | | 基础性课程 | 拓展性课程 | 特色活动 | 社团安排 |
|---|---|---|---|---|---|---|---|
| 广济底色快乐成长 | 济世的情怀 | 真诚 | 诚实 | 省行课程<br>品德课程<br>心理健康<br>乡土课程<br>廉政教育<br>社会实践 | 国学启蒙课程群<br>小太阳博爱课程群<br>知行合一课程群 | 小太阳爱心节<br>小太阳自理节 | 诚信书吧<br>自主图书馆<br>餐厅志愿者<br>厕所义工队<br>校园保洁队 |
| | | | 朴实 | | | | |
| | | | 诚信 | | | | |
| | | 健行 | 健康 | 体育课程<br>综合实践<br>艺术课程 | 健体类课程群<br>自理类课程群 | 美食课程<br>逃生演练<br>体育嘉年华 | 田径社团<br>网球社团<br>合唱社团<br>舞蹈社团<br>器乐社团<br>戏剧社团<br>导游社团 |
| | | | 自强 | | | | |
| | 广阔的视野 | | 坚韧 | | | | |
| | | 明善 | 崇学 | 语文课程<br>数学课程<br>英语课程<br>信息技术 | 创客类课程群<br>崇学类课程群<br>向美类课程群 | 小太阳科创节<br>小太阳读书节<br>小太阳艺术节<br>数学游戏节 | 创客社<br>航模社<br>头脑风暴<br>文学社<br>巧手社<br>创意社<br>合唱队<br>管乐队 |

# 三、课程的实施

## (一)基础性课程的实施

### 1. 依托学习共同体，创新校本教研模式

由广济牵头，形成学习共同体，出台网络集体备课制度，明确网络备课三大任务为定期的主备课、不定期的疑难问题交流、不定期的资源共享。网络备课的五大环节是初备、传阅、修正、实践、保存。每个备课组都在线上开通专用讨论群，首先由教师进行构思，再上传教学设计、课件，并组织研

讨，提出备课时的疑难问题，然后进行二次备课，教师结合班情修改个案，再进行教学，根据教学实际反思后再次修正，最后形成文件夹。(见图3)除了网络集体备课模式，还有网络主题论坛模式、网络课例研究模式。

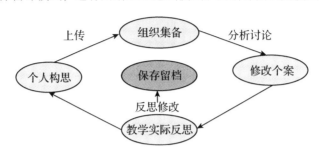

图3　网络集体备课模式

### 2. 依托"课程整合"，创新课堂教学模式

以整合思维推进课堂教学改革，关注课程的整体育人功能以及学科内、学科间甚至超学科的联系与整合，着眼于学生核心素养的发展。改变按统一教材设定教学内容与教学进度的课程实施方式，将同一主题、同一文体的课文，进行教材内容的整合；打破学科课程边界，一堂课可以由着相同知识点的两门科的教师协同完成，同时兼顾各学科的教学目标，进行课程结构的重新构建；基于有关联的跨学科的融合，不同学科知识合并、链接、渗透，使学生形成融会贯通的知识体系。

### 3. 依托"校本作业"，创新作业设计形式

研发语数英校本作业，将一、二年级的校本作业命名为《帮你学》，三、四年级的命名为《一起学》，五、六年级的命名为《自主学》，与教学进度同步。每单元安排一次练习，设"我们一起理一理""我们一起辨一辨""我们一起练一练"三个栏目，指导学生提炼本单元的学习内容、分析错例、进行针对性的训练和检测。复习阶段按训练主题划分为若干板块，进行归纳与整理，并提供综合训练。这样既便于对学生不同知识领域的学习情况做出诊断性的总结和检查，又利于对学生进行综合评估。

### (二)拓展性课程的实施

### 1. 完善拓展性课程的选课方式

根据拓展性课程实施方案，编制校本课程指南，介绍课程名称、选修年级、课程类别、人数限额、任课教师、上课时间、上课地点等，便于学

教育的底色

生对各阶段的学习进行系统规划；建设网上选课平台。选课平台拒绝"秒抢"，拒绝家长和教师的介入，每个学生独立在电脑上根据自己的意愿进行选课，最后由学校统筹安排，真正把选择权和主动权交给学生。

**2. 探索层层推进的实施路径**

广济的拓展性课程实施经历了从年级试点、党员教师示范引领，到面向整个学校所有师生的全员走班，再到课程、学科间的整体和系统优化三个阶段。前期的走班制四点钟学校课程、体育走班，探索课时"1＋2"模式、教师"1＋1"模式、项目"1＋N"模式，为全面推行拓展性课程奠定了基础，积累了经验，形成了示范，进而带动其他学科课程整体水平和质量的提高；全面推行学校开发的150余门课程，满足不同学生的需求；研究不同学科、不同课程之间的衔接与整合以及不同年级学科课程和教学间的联系。目前，我们将雷同、交叉、重叠的课程通过删减重组，形成了若干个拓展课程群。

**3. 建立走班教学的管理制度**

全面推行走班制。一、二年级跨班级走班，三至六年级跨年级走班。经学生申请，部分学生可跨学段走班。因学生自主选课、走班形成的教学班，实行点名制，任课教师确认学生出席情况；选拔小助教，协助任课教师管理学习纪律，检查作业完成情况等；实施"团队共建制"，任课教师要与班主任加强联系，定期反馈学生的学习情况、课堂表现，及时处理各种突发事件。

**4. 致力特色课程的优化打磨**

在全面推行拓展性课程的基础上，学校注重培植特色课程，引入专业力量，如创客、生命健康、传统饮食文化三门课程经过媒体的广泛报道，形成了一定的影响力。

广济创客课程以"更多创意、更多实践、更多快乐"为核心理念，分启蒙基础、达人社团、精英定制三阶课程，推出创客夏(冬)令营、区域走校两大主题活动，以应用驱动课程，激发课程的生命力。

生命健康课程分健康行为知识、疾病预防知识、自救自护技能、青春期保健4大类24个课题，覆盖全校各年级。课程实行双导师制，由专业医生授课，班主任助教，每学期安排两课时，每课时40分钟。学校实行逢培必考，考查分理论知识和实际操作两类，成绩记入学期素质报告单。

传统饮食文化课程以宁波代表性的食品为载体，推出"喜闹元宵""端午裹味""中秋寄月""冬至数九"主题课程，开展调查、研究、实践、拓展等综合性学习，从而传承文化，润泽人格。

## 四、课程的评价

### (一)学生学业成绩评价

为三至六年级设计"学生全面素质报告单"。语数英三个学科都分"学习能力"和"态度习惯"两大板块评价。语文、英语学科，从"听、说、读、写"四个维度开展评价；数学学科，从"计算能力、数学操作、数学表达、解决问题"四个维度进行评价。一、二年级还在此基础上增设"学习表现"及"我的收获与努力方向"。(见表1)

表1　学生评价手册《成长的足迹》

| 语文学科素养 | | | | |
|---|---|---|---|---|
| | | 内容 | 自评 | 师评 |
| | 情感与态度 | 1. 上课能够倾听、表达和交流 | | |
| | | 2. 能认真完成课内外学习任务 | | |
| | | 3. 能参加语文学习活动，能与他人合作 | | |
| 学习表现 | 习惯与能力 | 1. 能专注地倾听他人说话，并听懂主要内容；能理解老师的指令性要求，并快速完成相应任务 | | |
| | | 2. 养成说普通话的习惯，乐于表达自己的感受和想法 | | |
| | | 3. 正确、流利、有感情地朗读课文，注意停顿，读出节奏，关注标点，不加字，不漏字，不指读 | | |
| | | 4. 善于观察，乐于表达。能通顺、有条理地说一句或一段话 | | |
| | | 5. 有正确的握笔姿势和写字姿势，养成良好的书写习惯；书写规范、端正、整洁 | | |
| | | 6. 喜欢阅读，具有积极的课外阅读兴趣和良好的阅读习惯 | | |
| 我的收获与努力方向 | | | | |

| 测评成绩 | 听 | 说 | 读 | 写 | 期末总评 |
|---|---|---|---|---|---|
| | | | | | |

| 平时成绩 | | 学期评价 | |
|---|---|---|---|
| | | | |

评定说明：评定等级分 A、B、C、D 四级。
A 为优秀，B 为良好，C 为合格，D 为待合格

## （二）拓展性课程实施表现性评价

将拓展性课程评价纳入报告单中，分课程内容、评价、我的拓展课程体验三项。学生可自主填写学习体会，展示参与过程，呈现精彩作品，以此来体现学习过程和成果。德育课程分为品德课程与家庭活动，涉及学校、家庭，对学生在行为规范、德育活动的表现给予综合评价，帮助学生明确成长方向。（见表2）

### 表2　学生评价手册《成长的足迹》

| 综合素养 | | | |
|---|---|---|---|
| 德育课程评价 | | | |
| 内容 | 评价 | 内容 | 评价 |
| 品德课程 | | 社区（公益）活动 | |
| 家庭活动 | | | |
| 实践课程评价 | | | |
| 内容 | 评价 | 内容 | 评价 |
| 书法 | | 英语（口语） | |
| 小太阳特色课程 | | | |

| 拓展课程评价 | | |
|---|---|---|
| 课程内容 | 评价 | 我的拓展课程体验： |
| | | |

| 小太阳综合素养评价 | | | | | | |
|---|---|---|---|---|---|---|
| 评价内容 | 自评 | 互评 | 师评 | 评价内容 | 自评 | 互评 | 师评 |
| 1.遵守校规，爱护公物 | | | | 7.拓展课程，专注学习 | | | |
| 2.举止文明，礼貌待人 | | | | 8.爱惜粮食，文明就餐 | | | |
| 3.讲究卫生，注重仪表 | | | | 9.专心听讲，勤思好问 | | | |
| 4.尊老爱幼，团结同学 | | | | 10.有效预习，认真作业 | | | |
| 5.热爱劳动，锻炼身体 | | | | 11.大胆举手，积极发言 | | | |
| 6.社会实践，乐于参与 | | | | 12.喜好阅读，开拓视野 | | | |
| 评定说明：评定等级分A、B、C、D四级，A为优秀，B为良好，C为合格，D为待合格 | | | | | | |

好奇和爱表现是学生的天性。把校园打造成学生展示的舞台，重视日常评价记录。学生作品通过班级展示墙、班会展示课或学校展示活动等途径进行展示。教师随机记录每个学生的兴趣与习惯、状况与发展、特点与潜质等情况，对学生达到的目标和程度进行评价并记录，以体现

评价的全面性和准确性。

## 五、课程的成果

课程改革的深入实施，促使学校思考遵循教育发展规律和人才成长规律，将课改精神与本校实际有机融合，走出一条特色课改之路，促使教师从更广阔的人文社会和自然科学背景来探究课程的性质和教育的模式，促使学生重新定义学习，促进学校发展。

学校提升知名度。学校先后被评为浙江省深化义务教育课程改革先行学校，浙江省中小学评价改革典型培育学校，宁波市课程改革样本学校，宁波市课改实验区学校，海曙区首批课改试点学校。课程改革的典型案例和创新举措被省内外多家媒体报道，扩大了学校的知名度及美誉度。

教师转变教学理念。每位教师在面对课程改革带来的多重挑战时，会不断寻找办法提升自身的综合素养。他们不再围于教材，而是联系生活，"大教学观"逐渐形成；不再局限于学科，而是跨越课程边界，整合意识逐渐萌发；自主开发课程，合作研发教材；不再掌控课堂，而是适度让位，把"安静读书"的权利还给学生，放慢节奏，把"专注思考"的权利还给学生，多听少说，把"完整表达"的权利还给学生；尝试完成课堂内外的多元评价。

学生转变学习方式。学习内容由书本拓展到生活常识、自救自护本领；学习场所由学校延伸到社区、商场、医院；学习方式由教师教、学生学转变为成立学习互助小组。

"广济底色"课程为学生的全面发展提供了可能，为教师的个性发展搭建了平台，更激活了学校整体发展的内在动力。变革、创新，是学校发展的永恒主题，广济将继续探索，实现老牌名校的再次腾飞。

# 附录二

## 小学诗教启蒙教学实践研究

　　针对小学阶段"诗歌教学讲解过度、方法单一""诗歌教育定位偏颇、内容缺乏""诗教文化重点偏离、育人成效不彰"等问题，本课题落实党的十九大报告"推动中华优秀传统文化创造性转化、创新性发展"的精神，依据立德树人根本任务和语文教育的规律，围绕"小学'诗教'启蒙教学实践研究"主题，以"思无邪"为理论基础和研究信念，按照"中华经典诵读——'诗教'启蒙教学——'诗教'校园文化"的路径，开展以下研究：基于"主题融合"的诗教氛围营造；基于"温柔敦厚"理念的诗教课堂构建；基于"传统现代融汇"风格的诗教活动开发；基于"广济校训"目标的诗教文化打造。

　　经过十余年的研究，初步解决了小学阶段实施诗教"方法单一""定位偏颇""渠道窄""师资少"等问题，取得了一定的教学成果。下面从七个方面介绍本课题所取得的成果。

　　理论研究方面。在研究目标上，牢牢把握"诗教启蒙"这一定位，不拔高，不超前，坚持诵读，在实践上下功夫；在理论研究上，自觉传承中华优秀传统文化中"诗教"的宝贵经验，以"思无邪"为研究的基本信念，践行"兴于诗"等理念；在教学方法上，坚持落实"虚心涵泳，切己体察"的方法，融诵读与实践体验、单一诗篇与主题拓展、语文学科与校园文化为一体；在实践路径上，立足"经典读书会"，融汇学校、家庭和社区；"主题融合培训"落实师资全覆盖；"线上＋线下"拓展传播途径、"互联网＋"实现中西部跨时空支教结对等方面的探索。

　　实践成效方面。十余年来，学生在诵读兴趣、学习主动性、探究倾向和人格素养等方面提升明显；教师团队专注研究，开发广济"诗教"课程群，团队自主编写的《广济"中华经典诗歌诵读"》读本，在全校使用，并向延安、贞丰等地推广，高段语文教研组被评为宁波市先进教研组；学校紧扣诗教本质，聚焦身心发展；链接统编教材，整合教育资源；推动家庭读诗，倡导树立良好家风学风的做法；相关课题被列入教育部校本课程建设推进研究项目、宁波市教育科研重点课题；学校中华经典研修项目获浙江省精品研修项目，学校被评为2017—2018年度浙江省教育科研先进集体。

理念创新。诗，人生志向的自然流露；兴于诗，以经典诗歌感发师生内心真挚美好的情感，以诗启智，以诗育人；"不学诗，无以言。"[1]熟读经典诗歌，积累语言，欣赏音韵，提高审美；"诗可以兴，可以观，可以群，可以怨。迩之事父，远之事君。"[2]以经典诗歌来化人、育人。

教学创新。在教学目标上，坚持"启蒙"定位，以熟读经典诗歌和文化熏陶为主，避免"过度讲解"；在教学内容上，以经典诗歌文体特点和儿童认知规律为尺度，提倡适度的内容开掘；在教学方法上，坚持"虚心涵泳，切己体察"等方法，主张教学与儿童的生活充分融合。

活动创新。本研究继承中华诗教传统，开展"诗歌吟诵""诗词对歌"等活动，在实践中赋予现代化、生活化的元素。将经典诗歌与节气、饮食、山水等融合，互为映照，坚持实践体验；将经典诗歌与音乐融合，吟唱欣赏；运用飞花令等方式，将诗歌融于师生日常的学习、生活中；在公众号、抖音等平台开设"一起读诗"栏目。

资源创新。历时多年，编选《广济新经典读本》《广济"中华经典诗歌诵读"校本教材》等，以"经典""童心"为尺度，以儿童认知发展规律和生活为参照，编选经典诗歌诵读教材，融入语文教学和校园活动；以网络资源和多媒体技术为辅助，开发经典诗歌微课、微视频、有声诗社、互联网＋课堂、微信公众号诗歌推送解读等，努力实现传统经典诗歌的现代元素创新。

文化创新。突破"诗歌吟诵"的限制，在熟读的基础上，坚持"切己躬行"的诗教方法；突破语文课堂教学的限制，把诗教理念、诗教活动、诗教文化拓展到整个校园；突破传统和时空的限制，把互联网课堂、现代

教育的底色

---

① （宋）朱熹：《四书章句集注》，175页，北京，中华书局，2012。
② （宋）朱熹：《四书章句集注》，179页，北京，中华书局，2012。

教育技术等融入诗教中；突破校园限制，运用经典读书会、中华优秀传统文化诗教论坛、家校课堂、广济讲堂等，将诗教融入学校、家庭和社区之中。

# "思无邪"*
## ——小学"诗教"启蒙教学实践研究报告

## 一、研究的背景及意义

### (一)研究背景

中华"诗教"传统源远流长。党的十九大报告指出，深入挖掘中华优秀传统文化中蕴含的思想观念、人文精神、道德规范，结合时代要求继承创新，让中华文化展现出永久魅力和时代风采。在全面落实立德树人根本任务，传承中华优秀传统文化，坚定文化自信的当下，如何继承并发扬"诗教"传统，提升语文教育的育人成效和教学实效，是非常值得探索的。

**1."不学诗，无以言"："诗教"是学习语文的需要**

孔子曰："不学诗，无以言。"[①]从学生学习语文、增长知识的角度看，经典诗歌是语言学习的最好素材。经典诗歌的语言凝练精准、节奏鲜明，富含音韵之美，蕴藏着民族文化的基因，不仅是学生语言积累的主要素材来源，还是习得言语表达技巧的重要"例子"。2019年秋季起，在全国义务教育阶段推行的统编教材，强调对中华传统文化的学习，重视对传统文化的传承。

通过开展"诗教"启蒙教学，对接统编教材，让学生在语言发展的黄金期接受语言启蒙学习，这对学生语感的形成、表达能力的提升等大有裨益。另外，还能有效应对数量剧增、难度增加的古诗文带来的阅读压力。

**2."兴于诗，立于礼，成于乐"："诗教"是润泽人格底色的需要**

从学生人格培育的角度看，小学生处于人格培育的启蒙时期。在童蒙

＊ 本报告由黄铁成、王瑶合作完成，孙苓琦、戎晓雁、周蓉、许静之、钟波等参与了相关研究工作。

① (宋)朱熹：《四书章句集注》，第2版，175页，北京，中华书局，2012。

时期进行"诗教"，是启发学生内心本具之真善美本性的重要方法。"诗教"的根本目的，并不是要把学生个个都培养成诗人，而是要以诗的真善美来办学校，来育人。正如陶行知先生所说："我要把育才办成一个诗的学校，盼望大家帮助我。我要以诗的真、善、美来办教育。我并不是要学生每个都成为诗人，那太困难了。但我却要由我们学校做起，使每个同学、先生、工友都过着诗的生活，渐渐的扩大出去，使每个中国的人民、世界的人民，都过着诗的生活。"①唤醒学生的内心，为他们的终身发展打下真诚、明善的人生底色，这是我们的目的。

**3."诗可以兴，可以观，可以群，可以怨"："诗教"是传承文化的需要**

从传播学的角度来看，古诗文的教者和学者都是中华优秀传统文化的传承人。文化是一个国家、一个民族的灵魂。中华优秀传统文化是中华民族的根与魂，是我们文化自信的出处。民族的语言即民族的精神，民族的精神即民族的语言，二者的统一程度超过了人们的任何想象！古诗文中寄托着民族文化，如"千里共婵娟"的月亮文化，"高山流水"的知音文化，"杨柳依依"的送别文化。随着经济全球化步伐的日益加快，国外各种思潮纷纷涌入，中华优秀传统文化面临严峻考验。引领学生诵读经典，在他们的精神田园里播下传统文化的种子，使他们树立文化自信，是当代教师义不容辞的责任。

**(二)概念界说**

"诗教"："诗教"最早专门指《诗经》的教育，特别强调《诗经》对人的教化作用。孔子曰："入其国，其教可知也。其为人也温柔敦厚，《诗》教也。"②在孔子看来，《诗经》具有重要的教育价值，也在民众的风俗教化中发挥着重大作用。陶行知先生的诗教思想主要经过三个发展过程，即从"诗的学校"到"诗的人生观"，再到"诗的生活"，以这样的逻辑层次，将其诗教思想逐渐深化。本课题中的"诗教"，主要指继承和发扬中华诗教优秀传统，运用中华优秀传统文化中的经典诗歌，对小学生进行语言、文学、情感、审美、人格、文化等多方面的熏陶和启蒙。

"诗教"启蒙："开导蒙昧，使之明白贯通。""教导初学亦称启蒙。"(《辞源》)本课题中的"诗教启蒙教学"的教学对象是小学生，教学内容和

教育的底色

---

① 陶行知：《陶行知全集》，第 4 卷，442 页，成都，四川教育出版社，2005。

② (清)阮元校勘：《十三经注疏·礼记》，845 页，台湾，艺文印书馆，2013。

方法主要是朗读、背诵、浸润、熏陶、感染，使学生受到潜移默化的教育。启发兴趣，熟读成诵，人格熏陶是诗教启蒙的重点内容。

## 二、解决问题的过程与方法

### (一)研究目标

通过本课题研究，形成一系列"诗教"启蒙教学的实践策略和路径，发表或出版经典诗歌校本教材、"诗教启蒙"解读和实践案例专著及课例等。

结合多种方法的吟诵、分层分类等策略，激发学生学习经典诗文的兴趣，让学生积累语言，发展思维，感受诗词音韵之美、汉语之美，提高小学生的古文素养。

唤醒学生内心深处的人文情怀，带动学校文化向"真诚、明善、健行"发展，营造真善美的校园文化，为学生打下真诚、明善的广济底色。

### (二)研究内容

营造"诗教"氛围。通过校园环境课程化、宣传阵地一体化，营造主题融合的诗教氛围。

构建"诗教"课堂。通过"诗教"校本教材的编写，课堂教学内容的优化，"诗教"方法、策略、路径、评价的探索等，形成传承创新的教学实践样式。

拓展"诗教"活动。组织面向师生、家长等多个层面的学习、诵读活动，构建开放多元的活动体系。

建设"诗教"校园。更新语文教学观、学生观、育人观，创设求真向善的校园文化。

### (三)研究理念

"诗三百，一言以蔽之，曰：'思无邪'。"[①]这是孔子对《诗经》的一个总评，也是"诗教"的理论基础。对此，程子的注释是："'思无邪'者，诚也。""诗教"的重要功能是感发人的真情实感。教育的终极目标不是传授知识，也不是培养能力，而是让每个学生都能终身坚持开发自心本具的明德。经典诗文中蕴蓄着很多美好的人性元素，我们的责任就是不断挖掘蕴蓄在古诗文中的人性元素，让学生充分体会和感悟它们，让学生在

---

① （宋）朱熹：《四书章句集注》，第 2 版，53 页，北京，中华书局，2012。

美好情愫的浸润下变得温厚、诚挚，让心灵变得敏锐、通达。

不学诗，无以言。内心温厚诚挚，事理通达，待人真诚，是言语的基础！诗是重要的交流工具，语言的音韵、凝练之美，值得我们反复玩味，反复推敲，从而培养准确得体的辞令表达，掌握遣词造句的规律，获取渊博的知识和良好的语言技巧。

兴于诗。朱熹曰："诗本性情，有邪有正，其为言既易知，而吟咏之间，抑扬反复，其感人又易入。故学者之初，所以兴起其好善恶恶之心，而不能自已者，必于此而得之。"①诗教位于礼教、乐教之先，是三大教育之首。人的成长要从学诗开始，通过审美教育激发人的生命热情，为人实现生命价值、完善生命成长提供动力。

要以诗的真善美来办教育。"诗教"的本质是将诗的浪漫、诗的意境带到教育中，教化以诗，寓教于诗。我试图构建兼具真善美的诗的学校，诗化学生，使学生形成乐观的品质，积极向上，并将精神层面的追求视为人生更高的追求，进而"过着诗的生活"。因此，"诗教"的主要目的并不是让师生写诗、品诗、悟诗，而是打造真善美的文化。

### （四）研究方法

文献研究法：通过对相关文献的研究，了解诗教的理念、内涵及相关主题的研究状况，探索"诗教"启蒙教学的特征和发展路径，为本课题的深入开展提供理论支持和策略借鉴。

行动研究法：在研究探索中，采用计划、实践、观察、反思、再实践的方式，不断生成、反思和完善"诗教"启蒙教学的路径与举措，调整、梳理小学"诗教"启蒙教学的理论架构，形成研究螺旋体，最终完成课题研究的任务。

### （五）研究阶段

2005 年，学校参加了全国课题"中华经典诗文诵读实验"，并确立了省级课题"新经典阅读校本课程的开发与实施"。"新经典阅读"向学生提供了海量的古今中外、文质兼美的诗文，由经典文学作品拓宽到短小精悍、朗朗上口的小古文，由传统的唐诗宋词拓宽到对韵、对联，同时还融入了富有地方特色的"乡音乡韵""宁波歌谣""宁波谚语"……极大地激

---

① （宋）朱熹：《四书章句集注》，第 2 版，175 页，北京，中华书局，2012。

发了学生学习诗文的兴趣，以及深入探索的热情。

在大阅读的基础上，自 2013 年起，我们开始了从"广"到"深"的探索，从浩如烟海的经典内容中，精选了传承千年的中华传统诗词，以便学生深化学习。学生在反复诵读后对诗歌含义有大概的认识，但由于时代变迁，理解水平所限，也会产生对诗文的意象、意境、情感的困惑。"不愤不启，不悱不发"，"愤""悱"正是教育的最佳契机，因此我们应赋予经典更多的时代内涵与现代意义。

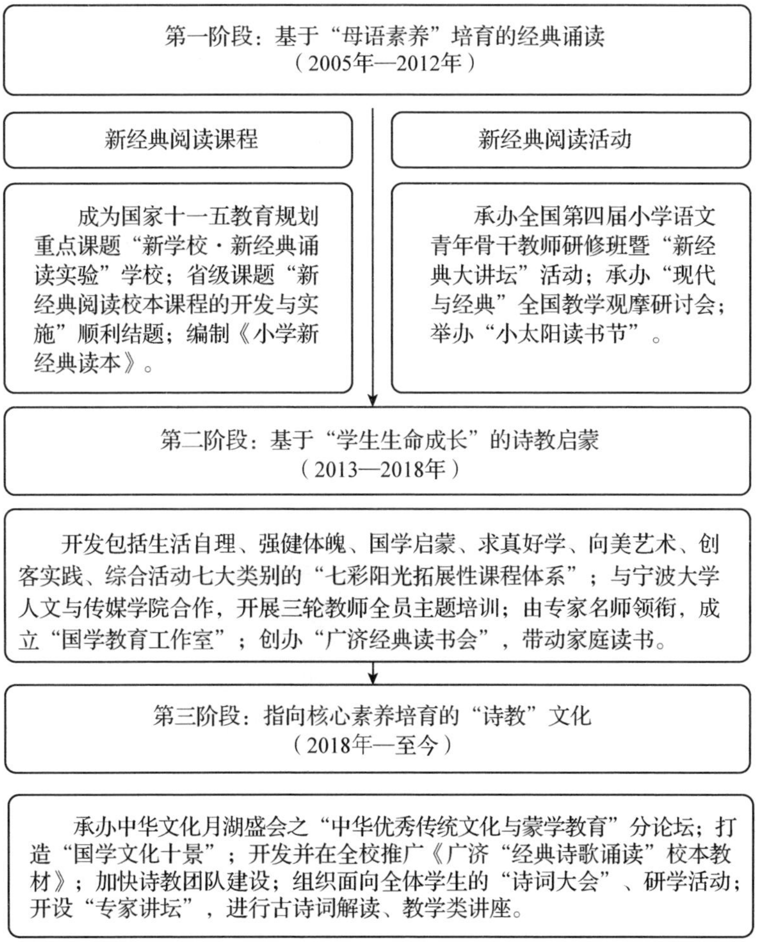

```
┌─────────────────────────────────────────────────┐
│  第一阶段：基于"母语素养"培育的经典诵读              │
│            （2005年—2012年）                      │
└─────────────────────────────────────────────────┘

┌──────────────────────┐      ┌──────────────────────┐
│   新经典阅读课程        │      │   新经典阅读活动        │
└──────────────────────┘      └──────────────────────┘

┌──────────────────────┐      ┌──────────────────────┐
│  成为国家十一五教育规划  │      │  承办全国第四届小学语文 │
│ 重点课题"新学校·新经典诵 │      │ 青年骨干教师研修班暨"新经│
│ 读实验"学校；省级课题"新 │      │ 典大讲坛"活动；承办"现代 │
│ 经典阅读校本课程的开发与实│      │ 与经典"全国教学观摩研讨会；│
│ 施"顺利结题；编制《小学新 │      │ 举办"小太阳读书节"。     │
│ 经典读本》。            │      │                       │
└──────────────────────┘      └──────────────────────┘

┌─────────────────────────────────────────────────┐
│  第二阶段：基于"学生生命成长"的诗教启蒙              │
│            （2013—2018年）                        │
└─────────────────────────────────────────────────┘

┌─────────────────────────────────────────────────┐
│  开发包括生活自理、强健体魄、国学启蒙、求真好学、向美艺术、创 │
│ 客实践、综合活动七大类别的"七彩阳光拓展性课程体系"；与宁波大学 │
│ 人文与传媒学院合作，开展三轮教师全员主题培训；由专家名师领衔，成 │
│ 立"国学教育工作室"；创办"广济经典读书会"，带动家庭读书。      │
└─────────────────────────────────────────────────┘

┌─────────────────────────────────────────────────┐
│  第三阶段：指向核心素养培育的"诗教"文化              │
│            （2018年—至今）                        │
└─────────────────────────────────────────────────┘

┌─────────────────────────────────────────────────┐
│  承办中华文化月湖盛会之"中华优秀传统文化与蒙学教育"分论坛；打 │
│ 造"国学文化十景"；开发并在全校推广《广济"经典诗歌诵读"校本教 │
│ 材》；加快诗教团队建设；组织面向全体学生的"诗词大会"、研学活动；│
│ 开设"专家讲坛"，进行古诗词解读、教学类讲座。                │
└─────────────────────────────────────────────────┘
```

图 1

## 三、主要成果

### （一）营造主题融合的诗教氛围

开展全员"诗教"主题培训。诗有兴、观、群、怨四大功用，是全人格的教育。"诗教"不仅仅是语文教师的职责，对全体教师来说，学习经典诗文既是修身养性的需要，也是立德树人的责任。自2014年起，广济与宁波大学人文与传媒学院合作，以传承文化、提升素养、陶冶情操为目标，针对广济教师专业成长的现实问题和实践需要，为全体教师量身定制三轮培训课程，每月举行一期，为期一年，共计18期。第一轮侧重国学常识的普及，包括国学经典的重要思想和核心价值、诸子经典导读、读诵吟唱的方法指导、传统戏曲小说的解读四大模块；第二轮侧重专题培训，包括古代蒙学教学法、古诗赏析、儿童礼仪、经典精读四大模块；第三轮侧重核心素养背景下教师综合能力提升的高端研修，包括教学与管理、健康与养生、艺术与人生、哲学与思辨、阅读与研讨五大模块。（见图2）在环环相扣、螺旋上升的学习培训中，教师的学习热情被点燃，国学素养迅速提升。

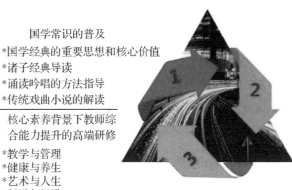

国学常识的普及
*国学经典的重要思想和核心价值
*诸子经典导读
*诵读吟唱的方法指导
*传统戏曲小说的解读

专题培训
*古代蒙学教学法
*古诗赏析
*儿童礼仪
*经典精读

核心素养背景下教师综合能力提升的高端研修
*教学与管理
*健康与养生
*艺术与人生
*哲学与思辨
*阅读与研讨

**图2 "主题融合"的培训结构图**

创办"经典诗歌"读书会。2016年10月，广济经典读书会成立，读书会秉承"虚心涵泳，切己体察"的经典学习理念，以心向光明、改过自新为核心，以树正气、弘扬传统文化、改家风、磨心性为己任，带动越来越多的家庭开始晨读和晨练。晨读内容为《论语》《孟子》《论语集注》等经典著作，学习方式为线上打卡和线下讲座、晨读与晨练相结合，每日分享，每月反思，半年一次总结，中间穿插亲子研学活动。

组建"诗教"专家顾问团队。知名专家学者为"诗教"提供理论和方法指导，保证课题的正常开展和课题研究的质量。学校特聘宁波大学文学院专家组成"诗教"的顾问团队，原宁波大学文学院院长、原《宁波大学学报》主编周志锋教授领衔成立"国学教育工作室"，广济中心小学校长、宁波市名师黄铁成领衔成立"名师工作室"，引领建设广济国学教育团队。中国古代文学优秀课程建设负责人李亮伟教授、王志凯教授等，为《广济"中华经典诗歌诵读"》校本读本编写提供指导。

成立"经典播种"学生团队。心理学研究表明，青少年时期，同伴影响甚至超过了父母和教师影响。同伴之间年龄相仿，知识背景、思想观念相近，相互之间更容易接纳。学校"经典播种"学生团队正是基于这种影响力成立的，由每班推选若干名热爱国学、口齿清楚、乐于分享的学生组团，到各班巡回演讲。演讲内容可以是好书推荐、经典选段朗诵、作家逸事、经典人物介绍等。每天午间，团队按照本班级试讲、修改——本年级宣讲、微调——本年段宣讲、"包装"——跨年段宣讲、总结的顺序，与不同年级的同学交流分享学习所得。

### (二)构建温柔敦厚的诗教课堂

积极响应党的十九大报告中"推动中华优秀传统文化创造性转化、创新性发展"的精神，将古人的读书法、鉴赏法，与时尚元素和技术相结合，用"以诗解诗、和诗以乐、寄诗以画"等富有时代气息的方式丰富经典，唤醒经典。在注重诗歌时代化表达的同时，深度挖掘诗词背后的内涵，讲述文化知识，阐释人文价值，解读思想观念，为现代文明追本溯源，树立文化自信。

诗教内容："经典诗歌"校本教材。只有经得起时间考验，适合学生成长需要的才是好的。基于这样的理念，我们历时三年，编定了《广济"中华经典诗歌诵读"校本教材》，分别对应1～6年级，共收录629首古诗。以"经典"和"儿童"为依据，上自《诗经》，下至唐宋诗词名篇，确定三大编选原则。一是按主题、体裁编排。所选篇目尽量涵盖古代文学中的几大重要主题，并符合温柔敦厚的"雅正""中正和平"的诗教要求。体裁上以律诗、绝句二体为主，编排时以学生认知水平为第一考量因素，注意难易度的循序渐进。二是以目前学术界较为权威的文献版本为参考。

尽量选择在文学史上具有一定地位，能够代表中国古代文学创作较高成就的诗人、诗作。三是遵循《义务教育语文课程标准(2011年版)》理念与要求，充分落实学段目标。低年级主要以写景，如描写动植物及四季变化的诗歌为主，篇幅较为短小，突出趣味性；中年级适当增加篇幅略长的诗歌；高年级主要以名篇为主，适当选入哲理诗(见表1、表2、表3)。在体例上，以"简"为主，撰写简要的导语，注明作者和出处，提供难字注音和难词的基本解释。

表1　第一学段编排体例表

| 读本选文主题 | | | 读本选文体裁 | | | 第一学段编排思路 |
|---|---|---|---|---|---|---|
| 主题分类 | 数量 | 比例 | 体裁分类 | 数量 | 比例 | 共140首 |
| 山水 | 35 | 25% | 五绝 | 67 | 47.9% | 1. 选文主题：山水诗、咏物诗所占比例最高，符合学生认知心理。力求落实第一学段"展开想象，获得初步情感体验，感受语言的优美"这一课标要求 |
| 田园 | 8 | 5.7% | | | | |
| 边塞 | 6 | 4.3% | 七绝 | 64 | 45.7% | |
| 讽喻 | 0 | 0% | | | | |
| 悼亡 | 0 | 0% | 五律 | 5 | 3.6% | |
| 送别(友情) | 22 | 15.7% | | | | 2. 选文体裁：以短小精悍、朗朗上口的五绝、七绝为主，适当涉及律诗、长短句 |
| 行旅(思乡) | 2 | 1.4% | 七律 | 0 | 0% | |
| 寓理 | 8 | 5.7% | | | | |
| 叙事 | 16 | 11.4% | 长律 | 0 | 0% | |
| 怀古 | 2 | 1.4% | | | | |
| 咏物 | 26 | 18.6% | 乐府诗 | 1 | 2.9% | |
| 咏怀 | 15 | 10.7% | 长短句 | 3 | | |

表2　第二学段编排体例表

| 读本选文主题 | | | 读本选文体裁 | | | 第二学段编排思路 |
|---|---|---|---|---|---|---|
| 主题分类 | 数量 | 比例 | 体裁分类 | 数量 | 比例 | 共236首 |
| 山水 | 66 | 28% | 五绝 | 42 | 17.8% | 1. 选文主题：山水诗所占比例最高；咏怀诗比例提升。考虑到第二阶段学生的情感认知发展，鼓励学生尝试借助"意象"体验情感，展开想象，领悟诗文大意 |
| 田园 | 7 | 3% | | | | |
| 边塞 | 10 | 4.2% | 七绝 | 112 | 47.4% | |
| 讽喻 | 1 | 0.4% | | | | |
| 悼亡 | 0 | 0% | 五律 | 66 | 27.9% | |
| 送别(友情) | 32 | 13.6% | | | | 2. 选文体裁：依旧以绝句为主。以学生认知水平作为第一要素进行考量，逐步提升律诗比例，让学生感受律诗的韵律美 |
| 行旅(思乡) | 23 | 9.7% | 七律 | 11 | 4.7% | |
| 寓理 | 2 | 0.8% | | | | |
| 叙事 | 18 | 7.6% | 长律 | 2 | 0.8% | |
| 怀古 | 8 | 3.4% | | | | |
| 咏物 | 26 | 11% | 乐府诗 | 0 | 1.3% | |
| 咏怀 | 43 | 18.2% | 长短句 | 3 | | |

表3　第三学段编排体例表

| 读本选文主题 | | | 读本选文体裁 | | | 第三学段编排思路 |
|---|---|---|---|---|---|---|
| 主题分类 | 数量 | 比例 | 体裁分类 | 数量 | 比例 | 共253首 |
| 山水 | 41 | 16.2% | 五绝 | 6 | 2.4% | 1. 选文主题：咏怀诗所占比例最高，山水诗次之，边塞诗、寓理诗较第一、第二学段有所增加。第三学段学生认知进一步发展，已初步具有审美、鉴赏能力。诵读咏怀诗、寓理诗、边塞诗，能有所体悟与思考 |
| 田园 | 7 | 2.7% | 七绝 | 64 | 25.3% | |
| 边塞 | 29 | 11.5% | 五律 | 106 | 41.9% | 2. 选文体裁：律诗所占比例显著提高。律诗讲究精严的格律，唐宋不乏优秀作品。符合第三学段课程标准"通过语调、韵律、节奏体味作品内容和情感"这一要求 |
| 讽喻 | 2 | 0.8% | | | | |
| 悼亡 | 0 | 0% | 七律 | 41 | 16.2% | |
| 送别（友情） | 31 | 12.3% | | | | |
| 行旅（思乡） | 23 | 9% | 长律 | 27 | 10.7% | |
| 寓理 | 10 | 4% | | | | |
| 叙事 | 26 | 10.3% | | | | |
| 怀古 | 9 | 3.6% | 乐府诗 | 0 | 3.5% | |
| 咏物 | 17 | 6.7% | 长短句 | 9 | | |
| 咏怀 | 58 | 22.9% | | | | |

诗教方法：虚心涵泳，切己体察。虚心涵泳包含读书的客观性原则，以熟读、吟诵为基，要求读书时做到"心到，眼到，口到"，精心思虑，仔细体会书中的意思，争取熟读成诵。按"认读—品读—美读（背）"的步骤，采取联系扩充法、游戏诵读法、节奏诵读法、歌唱诵读法等方式，每天一首，坚持不懈。(见图3)切己体察包含读书的实践性原则，以"把书读到自己身上来"为要，要求付诸实际行动，身体力行。"少看熟读，反复体验，不必想像计获。只此三事，守之有常。"①在诵读的基础上，联系实践，积少成多，体验感受。努力从学生的生命成长出发，规避普通诗歌教学"过多、过难、过繁"的弊端，探索生动活泼的诗教方法。(见表4、表5)

海量的诗词讲坛、线上小课堂为诗教提供了丰富鲜活的资源，精选其中既符合学生思维发展水平和接受能力，又与所学课文紧密相连的视(音)频资料，帮助学生答疑解惑，体悟语言，深入诗人的内心世界。(见表6)

---

① （宋）朱熹：《朱子全书》，第十四册，318页，上海，上海古籍出版社，2002。

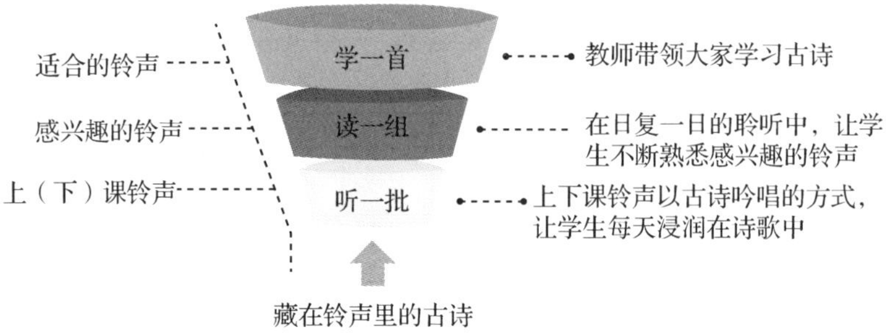

图3　藏在铃声里的古诗

表4　广济中心小学诗教启蒙教学"四要素"

| 项目 | 关键词 | 要点 |
|------|--------|------|
| 目的 | 育人 | 以诗词激发真情，启迪智慧，润泽人格，传承文化 |
| 内容 | 融合 | 朗读（诵读）诗句、推敲大意、揣摩意境 |
| 重点 | 音韵 | 感受语言声韵，丰富诗词的积累 |
| 手段 | 朗读 | 直面作品，触摸文字，整体感悟，激发兴趣 |

表5　广济中心小学诗教启蒙教学"六法"

| 方法 | 要点 | 示例 |
|------|------|------|
| 绘说法 | 将古诗词描绘的景物、情境，结合自己的想象画下来 | 《宿洞口馆》是一首写景诗，适合用绘画的方式展现诗意<br>1.请同学们先读一读诗歌，然后画一画诗人笔下的美丽景色<br>2.同学们画得真认真，向大家介绍一下自己的图画吧 |
| 融入法 | 将自己融入诗歌情境中，联系生活实际，感悟诗歌的现实意义 | 《明日歌》主题是"惜时"，面临毕业的同学一定深有感触<br>1.读着《明日歌》，你的脑海里浮现出哪些古诗，哪些故事呢<br>2.再过几个月，你们就要结束小学生涯了，面对学弟学妹，你有什么想对他们说的吗 |
| 自教法 | 引导学生通过独立阅读、自主分析、探索、吟诵、质疑、再现等方式反复学习，再紧扣学生的疑点、难点开展模块教学 | 《宿白马寺》的前两句写景，后两句抒情，结构清晰，适合学生自主学习<br>1.设计"导学单"，请学生结合自己对诗歌的理解填一填<br>2.紧扣"浓"，开展刨根究底式的模块教学 |

| 方法 | 要点 | 示例 |
|---|---|---|
| 串联法 | 结合教材中的古诗，回顾串联相关主题的诗句，以一带多，以篇带句，互为补充，互为渗透，带领学生融入多重文本营造的厚重语境中 | 教学《九月九日忆山东兄弟》时，在这美好的节日里，王维不禁想起小时候跟父母、兄弟在一起的很多事<br>1.他会想起哪些事呢？对啊，就像我们之前学过的一首诗里写的——<br>2.可是现在，诗人身在他乡，他的心情会怎样呢 |
| 十字法 | 纵向：对比诗人不同时期写的诗句；横向：对比同一时期其他诗人的诗句。通过联读，感悟诗人的情感，发现艺术创新之处 | 杜甫的《捣衣》写于安史之乱时，同时期的诗作还有李白的《秋夕书怀》等<br>1.异中求同，同中求异：这两首诗都写于安史之乱时期，诗人写景、写物，或者抒发情感的方式一样吗<br>2.拓展诗歌，整合发现：再读读这几首诗，安史之乱时期的诗歌给你留下了怎样的印象 |
| 唱和法 | 紧扣关键语句，师生引读、趣味对读，在一唱一和中悟出诗意，体会情感 | 教学《回乡偶书》时，"鬓毛衰"是学生理解的难点<br>1.（出示图片）你也瞧，贺知章离开家乡时，和86岁回到家乡时，有什么变化<br>2.是啊，鬓毛变白了，变少了，就是诗句中的——<br>3.刚才小朋友们看到的变化，哪句诗告诉我们了？把它画出来，读一读<br>4.离开时还是一个翩翩少年，回来时满头白发，难怪诗人这样写道—— |

表6 古诗词视（音）频资源选用列表

| 视（音）频类型 | 选用内容 | 选用目的 | 适用范围 | 示例 |
|---|---|---|---|---|
| 中国诗词大会 | 嘉宾解读环节：点评嘉宾结合现场嘉宾作答的题目，讲述诗人逸事、诗词创作背景 | 走进境界，传承文化 | 整体感知后，体会诗词之美，发现诗词之趣时 | 教学四年级上册《21 古诗三首》中的《凉州词》时，呈现诗词大会的画面，从王翰的"狂"，讲到唐朝的精神 |
| 百家讲坛 | 康震教授的《诗仙李白》《诗圣杜甫》《李清照》《唐宋八大家》等系列 | 了解评价，学会鉴赏 | 学完古诗，课堂总结时 | 教学三年级下册《1古诗三首》中的《绝句》时，在学生理解诗意后，播放康教授对杜甫诗歌的点评，了解诗人的写作风格，以及诗中蕴含的深厚情感 |
| 诗词课堂 | 古诗背后的典故、故事视频 | 激发兴趣，还原意境 | 初知古诗大意、关键意象时 | 教学三年级下册《9 古诗三首》中的《元日》时，提供关于王安石推行新政的历史资料，帮助学生理解"爆竹、春风、屠苏、桃符"等意象 |
| 朗读视（音）频 | 读音准确、字正腔圆的古诗词朗读 | 聆听美音，感知音韵 | 激情导入、整体感知时 | 三年级下册《1古诗三首》中的《惠崇春江晚景》导入时，请学生配着《春江晚景》图，聆听优美的配乐诗朗诵 |

诗教评价：知人论世，知行合一。以表现性评价、发展性评价为主，建立学生的专用档案，从知、行两方面进行评价，知——引导学生自主

做好诵读记录，尝试做好记录卡，中高年级同学可以充当小老师并制作专题学习手抄报。在"小太阳七彩阳光成长手册"的"七星素养认证"中设置"国学星(文学底蕴)"一栏，分必达项和选达项，对学生一年的学习成果进行总结评价。如一年级的必达项是：我积累了 10 个成语；我能讲一个童话故事；我能背诵五首课外古诗。选达项是：我能选背《三字经》，还有一个根据实际情况自由填写的项目。(见图 4、表 7)"经典诗歌背诵段位认证活动"，鼓励学生反复吟诵，仔细品读，积累更多的经典诗歌。"21 天小诗人打卡评价"，利用线上班级群组，如实将自己的诵读内容及时公布。"认一认诗名牌"，在校园里挂上各类咏物诗、劝学诗、送别诗等"诗名牌"，每一首诗都和校园景观相结合，学生每熟记一首，便可在"诗名牌"下方区域签上姓名。行——记录参与的社区(公益)活动，学期末对优秀义工进行表彰，对各班级的古诗文诵读情况进行专项检查、督促、评估、奖励，并列入班级考核。在诗教方面表现突出，有优秀论文或研究性的文章等成果的教师，除给予一定的奖励之外，在各种评优晋级中，在同等条件下优先考虑。

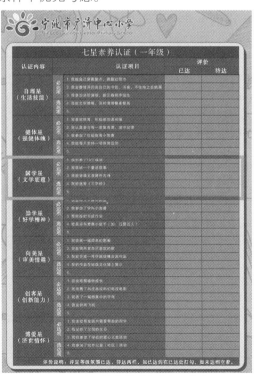

**图 4　"七星素养认证"之一年级**

表7 广济中心小学"国学星"梯度任务表

| 一年级 | 必达项 | 1. 我积累了 10 个成语 |
| | | 2. 我能讲一个童话故事 |
| | | 3. 我能背诵五首课外古诗 |
| | 选达项 | 4. 我能选背《三字经》 |
| 二年级 | 必达项 | 1. 我积累了 20 个成语 |
| | | 2. 我能讲一个成语故事 |
| | | 3. 我能背诵十首课外古诗 |
| | 选达项 | 4. 我能选背《弟子规》 |
| 三年级 | 必达项 | 1. 我能和小伙伴玩一组"成语接龙" |
| | | 2. 我能讲一个寓言故事 |
| | | 3. 我能背诵三十首课外古诗 |
| | 选达项 | 4. 我能选背《论语》 |
| 四年级 | 必达项 | 1. 我能根据节气来诵读古诗 |
| | | 2. 我能诵读一篇文言文 |
| | | 3. 我能背诵五十首课外古诗 |
| | 选达项 | 4. 我能坚持和父母一起晨读古诗 |
| 五年级 | 必达项 | 1. 我能为校园里的植物制作一张"文化名片" |
| | | 2. 我能坚持每天诵读古诗十分钟 |
| | | 3. 我能背诵七十首课外古诗 |
| | 选达项 | 4. 我能向同学展示诵读情况 |
| 六年级 | 必达项 | 1. 我能和同学合作,找到"唐诗里的美食(鲜花)"等 |
| | | 2. 我能做小老师,带领低年级同学诵读古诗 |
| | | 3. 我能背诵一百首课外古诗 |
| | 选达项 | 4. 我能在"喜马拉雅"等平台开设个人诵读专栏 |

诗教课型:主题拓展,专题导读。第一类是围绕一首经典诗文展开的导读课,既可以由教师主导,也可以由学生主持。教师版导读课可以分为五个步骤:导,名诗名句,激活旧知;读,体验节律,初解大意;问,触发期待,理解诗意;赏,体味意境,欣赏诗句;写,练笔悟情,

积累诗句。(见图5)如黄铁成校长执教的六年级《诗经·采薇》，以"读"贯穿始终，在诵读中让学生理解诗意，逐渐体会诗句的对仗之美和节奏之美。学生在质疑中阅读，在扩展阅读中豁然开朗，在情境想象中感知诗句中"杨柳""雨雪"等经典意象蕴含的文化内涵，感受"折柳送别"背后的文化意蕴。学生版导读课则可将环节简化为：出示诗作——介绍背景——简析诗作——配乐诵读。

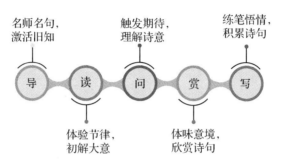

**图5  经典诗文导读课流程**

第二类是按选文主题展开的组诗导读课，如送别组诗、咏物组诗、田园山水组诗等。一般分为四个步骤：导，名句串烧，发现规律；比，找出异同，完成表格；学，由扶到放，归类提升；读，自选形式，合作朗读。(见图6)如沈琳老师执教的送别组诗，先回顾《赠汪伦》《送元二使安西》两首诗，从诗题、内容、表达方式上比较异同。再从同样的角度学习另四首送别诗，感受诗人通过描写不同景物，运用不同方式，抒发送别时的真挚情感和别样情怀。

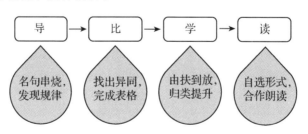

**图6  同主题组诗导读课流程**

第三类是以人物为主题的导读课，如孔子、王维、辛弃疾等。一般分为四个步骤：导，七嘴八舌话方法；解，知人论世解诗人；读，发挥想象悟特点；想，拓展诵读深印象。(见图7)

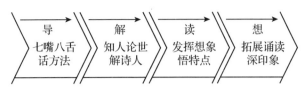

**图 7　名人组诗导读课流程**

如在教学王维的诗时，从了解王维的生平入手，结合诗人的经历理解作品。学习一首王维的典型诗歌，通过诵读质疑、品读想象，引导学生体会诗人"诗中有画"的山水田园诗特色，再学习王维不同时期的作品，体会诗中蕴含的哲理。

第四类是学科融合课。在美术教学中以诗配画，用绘画促进诗词理解；在音乐教学中对古诗文进行配乐，用旋律传递独特韵味；在体育与健康教学中渗透《黄帝内经》内容，用经典传播生活理念；在写字教学中将书法与经典诗文加以整合，以书写助力语言积累。

### (三)开发传统与现代融汇的诗教活动

#### 1. 线下诗教教学活动有序列(见表 8)

学校为学生安排了丰富的线下诗教教学活动，让学生爱上中华优秀传统文化，爱上诗词文化。

**表 8　广济中心小学线下诗教教学活动一览表**

| 广济中心小学线下诗教教学活动一览表 | | | | |
|---|---|---|---|---|
| | 时间 | 空间 | 内容 | 形式 |
| 每日 | 6:30—7:00 | 部分师生家庭 | 晨读《论语》《孟子》等 | 可以自己读或与父母一起诵读，并将当日所读主题、精彩语句、心得体会等在专用群组中进行打卡分享 |
| | 8:20—8:40 (7:40—8:00) | 一、二年级 (三—六年级) 各班教室 | "快乐晨间"之"我爱读古诗"：《广济"中华经典诗歌诵读"校本教材》 | 诵读经典古诗，养成日有所诵的好习惯 |
| | 课前2分钟 | 各班教室 | 诵读部编教材中已学古诗文 | 一人领读，其他同学跟读或对读 |
| | 放学 | 走廊 | 吟诵、背诵《广济"中华经典诗歌诵读"校本教材》 | 边排队边吟诵，伴着书声走出校园 |
| 每周 | 每周一节 | 各班教室 | 学习《广济"中华经典诗歌诵读"校本教材》 | 语文教师引领学生以多种形式诵读，品味语言，感受情怀 |
| | 每周一次 | 广播室、各班教室 | 午间广播《广济"中华经典诗歌诵读"校本教材》有声书 | 学生自主选择篇章，自行研读准备，理解篇章意思，然后通过广播与全校同学共同研读学习 |
| | 每周一次 | 部分教室 | 各类专题国学拓展课，如《二十四节气诵读古诗》、走进《史记》等 | 由热爱国学的教师带领热爱国学的学生，一起进行经典诗词、古文著作的主题性学习 |

### 2. 线上诗教教学活动有趣味

"一起读经典栏目"：在学校公众号设立"一起读经典"栏目，结合时令节气、风土人情等情况，每周适时刊登1～2组经典诗歌，如早春组诗，每一组诗包括导语、诗歌原文、重点词注释、诗人小传、参考资料等，辅以"有声书社"成员字正腔圆的配乐朗诵，与读者共同徜徉于古诗文之林，细赏诗文魅力，营造阅读氛围。

"百草园"主题研究课程：围绕校园中的中草药及其他植物，搜集有关植物的诗并以图文并茂的形式制作植物书签；举办"植物诗节"，以某一植物为主题，赛诗作对；运用网络技术，给每种植物编制二维码，只要扫描二维码，就能看到学生制作的植物名片，欣赏关于该植物的诗词、绘画作品，获取该植物的信息……识花读诗，一举数得。

广济经典读书会：让学生带动家长，家长引导学生，共读"经典"。早在2008年，学校就曾举行家校共读《论语》活动，各班以"图书漂流"的形式，在教师的带领下，学生、家长共读《论语》，并将点滴感受记录在感言本中，分享于校园网。广济经典读书会成立四年间，学生和家长一起晨读、晨练，共同参加现场读书分享，并赴余姚王阳明故居开展亲子游学活动，感受传统文化魅力，品味先哲智慧人生。专用微信群组是读书会的线上学习基地，观点讨论，诵读展示，佳句赏析，疑难解答……大家亲师取友，问道求学，许多家庭从中找到了学习与生活的新追求。

### 3. 跨时空"互联网＋"结对有实效

依托同步开课、实时诊断、连线交流等方式，两地同上一堂课、同读一首诗，形成共建共促的长效机制，寻求基于技术变革和融合发展的教育生态优化。学生在以深度交互、群体协同、探究分享、评价激励为特征的网络学习中，实现生生间观点碰撞，师生间交流互动，资源间整合共享，不断建构深度学习。

### (四)打造基于校训的诗教文化

"广"：广阔的视野，倡导"归于正诚"的语文教学观。诗歌能够带领大家探索世界，开阔视野。诗句既是积累的源泉、表达的凭借、思考的跳板，也是创新的火种与催化剂。诗教使校训"广阔的视野"有了新的注解。教师以学生发生的问题为导向，把语文学科知识建构在大自然中，以社会大环境为背景，进行精准的课堂引领，呵护每个学生的自然成长。

"济"：济世的情怀，倡导"善良温厚"的学生观。通过对古诗词意象组配、意境营构等艺术特点的解读和感受，培养学生敏锐的艺术直觉和高雅的人格情操，这也是校训"济世的情怀"的践行路径。将古诗词经典语句按照主题归类整理，如励志类、友情类、劝学类、惜时类等，把优美的语言、古人的智慧与现实生活相连接，亲自体验、躬行实践。当学生面对人情世故、悲欢离合时，自然能从诗中汲取正向的人生态度。

"广·济"：知行合一，倡导"文武兼备"的育人观。孔子"六艺"教育的特点是文、武并重，学校以"知行合一，传承华夏精神"为宗旨，校长身体力行，号召师生晨读、晨练齐头并进。在育人观的观照下，开发包括生活自理、强健体魄、国学启蒙、求知好学、向美艺术、创客实践、综合活动七大类的"七彩阳光拓展性课程"体系，引导学生将视角从书中的知识扩大到更广阔的天地，从小树立远大的志向。除了常见的小古文、经典名句赏析、走近《论语》等拓展课，还有宁波文化遗产——集技击和健身于一身的"四明内家拳"，弘扬中国的武学文化，提高学生的自护自救能力。开展赴海外结对学校研学、国防基地主题研学活动，让学生"读万卷书，行万里路"，做一个既有国际视野，又有家国情怀的人。

## 四、研究成效与反思

### (一)创新成果

理念创新。我们继承并发扬这样的诗教理念：以经典诗歌感发师生内心真挚美好的情感，以诗启智，以诗育人；熟读经典诗歌，积累语言，欣赏音韵，提高审美；以经典诗歌来化人、育人。

教学创新。在教学目标上，坚持"启蒙"定位，以熟读玩味经典诗歌语言和文化熏陶为主，避免"过度讲解"；在教学内容上，以经典诗歌文体特点和儿童认知规律为尺度，提倡适度、适切的内容开掘；在教学方法上，坚持"虚心涵泳，切己体察"等方法，主张与儿童的生活充分融合。

活动创新。本研究继承中华诗教传统，开展"诗歌吟诵""诗词对歌"等活动，在实践中赋予现代化、生活化的元素。将经典诗歌与节气、饮食、山水等融合，互为映照，坚持实践体验；将经典诗歌与音乐融合，吟唱欣赏；在公众号、抖音等网络平台开设"一起读诗"栏目。

资源创新。历时多年，编选《广济新经典读本》《广济"中华经典诗歌诵读"校本教材》等，以"经典"和"童心"为依据，编选经典诗歌诵读教材，融入语文教学和校园活动；以网络资源和多媒体技术为辅助，开发经典诗歌微课、微视频、有声诗社、互联网＋课堂，并以微信公众号的形式进行诗歌解读等，努力实现传统经典诗歌的现代元素创新。

文化创新。突破"诗歌吟诵"的限制，在熟读的基础上，坚持"切己躬行"的诗教方法；突破语文课堂教学的限制，把诗教理念、诗教活动、诗教文化拓展到整个校园；突破传统和时空的限制，把互联网课堂、现代教育技术等融入诗教中；突破校园限制，运用经典读书会、"中华优秀传统文化诗教论坛"、家长学校、家校课堂、广济讲堂等，将诗教融入学校、家庭和社区之中。

### (二)研究成效

师生成长"诗意"葱茏。诗教点燃了学生的诵读热情，陶冶了学生的性情，培养了学生的审美情趣。感受意象，发展思维能力；认识社会，健全人格。经过六年的学习，100％的学生能背诵百首古诗词，32％的学生成为诗词爱好者，在喜马拉雅等平台中开设了个人专栏，最高记录保持者为四年级的一名同学，共计录制音频 2420 集。诗教在助力学生成才的同时，也推动了家风建设。有一位家长在共读经典活动中留下了这样的感言："让孩子从小诵读中华经典文学作品是必要的，这些作品是孩子成长道路上必不可少的人生教科书，对我们而言，也是为人处世的良方。"

"和"是教师团队的鲜明特点，心态平和，为人宽和，关系和谐。创办"弦歌木铎"微信公众号，在公众号分享美文，传递思想，以文会友，以友辅仁。2019 年，广济的语文教研组被评为宁波市先进教研组。其中两位教师的课例被"学习强国"平台收录。研究团队教师中，区市级教坛新秀 25 人、骨干名师 10 人、获得高级职称者 7 人、一级职称者 21 人，共发表相关论文 14 篇，34 篇获奖。(见图 8)

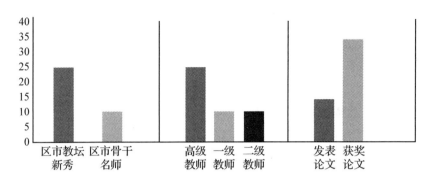

图8　广济"诗教"师资团队情况图

系列活动"诗意"纷呈。学校开展课堂教学"小课题"研究、诗文小专题研究后，学生的诵读兴趣、主动性、探究倾向提升明显。学校曾承办两次全国新经典大讲坛、一次"现代与经典"全国语文教学观摩研讨会、一次浙江省语文新课程"疑难问题解决"专题研训活动、一次宁波课改实验区项目推进研讨会，成为"千课万人"定点考察学校，与"领雁工程""影子工程"中来自全国各地的同行开展自助互动式学习，迎接百余批来自全国各地的教师团队参观访问。

自 2017 年起，每年中秋前夕，开展广济集团"我爱说诗词"竞赛，五个校区各派出三名代表参加，比拼诗词知识，共赏诗词韵味，还有场外指导穿插引领诗词赏析。2018 年 3 月，在由中共宁波市委宣传部主办的中华文化月湖盛会上，广济承办了"中华优秀传统文化与蒙学教育"分论坛，展示了学校在诗教中的探索与实践。《宁波晚报》以《海曙一小学校长带着 70 多户家庭晨练读国学》为题，报道了广济经典读书会的活动情况。

广济文化"诗意"盎然。学校打造了具有浓郁国学色彩的"校园十景"：有"中华龙"形象的校标、荣誉柱、笑脸墙、校史走廊等，使学生时时处处能浸润在诗歌的海洋中，受到经典文化的熏陶。中华优秀传统文化校本研修获 2018 年浙江省中小学校本研修百项精品项目，相关课题被列入教育部校本课程建设推进研究项目、宁波市教育科研重点课题，学校被评为 2017—2018 年度浙江省教育科研先进集体。

**（三）实践反思**

回顾研究历程，仍有许多问题值得我们进行深刻检讨和反思。

### 1. 各类诗教资源需要整合

在减负的背景下，诗教启蒙教学如何更好地与统编教材对接，与原来学校的"新经典阅读"特色对接；如何系统整合纷繁多样的网络资源，去伪存真，去粗取精，是我们仍需思考与实践的。

### 2. 理论研究水平亟待提高

我校研究团队成员多为一线教育工作者，实践经验比较丰富，但理论根基不够扎实，对现象的本质和规律的探索缺乏深度和广度，这在一定程度上限制了研究的高度。

问题是挑战，也是机遇，更是我们持续开展研究的动力和源泉。在今后的研究中，广济课题组将把工作重心落实到教学范式的研究、资源整合的探索上，促使每个学生都能在"诗教"的滋养下，不断丰厚人格底色，共享成长快乐。

## 附录三

# 玩中学 学中创——小学玩创启蒙教学实践研究

针对基础教育阶段实施创新教育"规定动作有余，自主创新不足""偏重创新结果，缺乏过程体验""看重创新技能，忽视人文精神培育""创新教学门槛过高、过窄，学科整合不足"等问题，本课题依据小学生"爱玩"的天性和创新教育的规律，围绕"小学玩创启蒙教学实践研究"主题，以"每个孩子都是创客，生来如此"为研究信念，按照"玩中学，学中创"的路径，开展以下研究：基于"玩创园"建设的校园人文和自然环境改造；基于"成长共同体"理念的师资团队建设；基于"个性化"的玩创课程和"生长型"课堂的范式构建；基于"成长进阶式"的玩创评价机制研究；建设"科创与人文并举"的玩创教学文化。

经过十余年、三阶段的研究，学校开展了从"玩中学"综合实践素养培育，到"学中创"创新素养培育，再到近年来的"玩创融合"的玩创教学启蒙实践研究。学校初步解决了基础教育阶段实施创新教育"渠道窄""师资少""过程体验缺乏""教学资源匮乏""路径单一""人文精神培育缺失"等问题，并取得了一定的教学成果，引发了一定的社会效应。

很多玩创品获得国家实用新型专利、软件著作权证书和市级以上奖项；前中科院院长路甬祥先生授予广济"首批全国科技体育传统学校"称号；广济入选 2020 年浙江省"STEAM 教育学校实践样态"典型学校，是宁波市唯一入选的学校；教师团队专注研究，搭建广济"玩创"课程群，研究课题被列入浙江省教育科研重点课题，获 2017 年度宁波市教育科研优秀成果一等奖，宁波市教育教学突出成果(基础教育类)一等奖。

学校迎接了数批省内外参访团的参观、学习；在浙江省"轻负高质"推进会、甬台教育合作交流会、甬港教育合作论坛、宁波—奥克兰教育论坛等公开场合展示、演讲或被公开报道近百次；课题成果向延安、贞丰、杭州、丽水等地的结对学校辐射。

# 玩中学　学中创
## ——小学玩创启蒙教学实践研究
### 宁波市广济中心小学课题组[*]

## 一、问题的提出

### (一)研究背景

义务教育阶段是培养学生科学素养，培植学生创新精神的启蒙阶段。近年来，尽管科学课程日益受到重视，但不免存在重结果轻过程、重个人轻整体、重竞赛轻教学等种种问题。

教学观念上：重功利，轻素养。审视当下的中小学科学创新教育，"多出成绩，快出成绩"的功利心严重，"放眼学生的终身发展，为学生打下一辈子受用的科学素养"的信念缺失。

课程设置上：重单一，轻整合。科学创新课程，仅仅靠科学教师和科学课是远远不够的，如何树立"大科学教育观"，把信息技术、数学、艺术、综合实践等课程，整合到创新教育中来，值得探索。

教学主体上：重个体，轻整体。每一个学生都有创新的潜能。依靠培养拔尖学生，而忽略全体参与和团队协作的创新教育，是很难有长远成效的。

教学方法上：重认知，轻实践。科创教学讲授多，实践探究体验少，与生活割裂现象普遍，导致学生缺乏科学学习兴趣，创新与实践能力低下。

价值取向上：重技术，轻人文。把学习好、成绩好当作成功的标准，忽视背后更为重要的人文精神的培育，是科创教育实践中不可忽视的问题。

教学资源上：重硬件，轻内涵。对各类创新实验室、科创项目投入重金，但课程开发不到位，使着力打造的实验室最终沦为"展览馆"。空

---

＊ 本课题由黄铁成、狄勇、周蓉、林波、叶青等合作完成。

有资金投入，缺乏基于一线的落地实践，更缺少基于真实教学过程的案例积累。

基于上述思考，我们开展具有广济特色的科学创新教育——"玩创"，致力于让每一个广济学子都能在快乐的玩耍中经历科学探究的实践过程，唤醒每个学生内在的创新潜能，为每一个学生提供适切的创新教育，培育学生适应未来的核心素养。

## 二、解决问题的过程与方法

### （一）第一阶段（2008—2013）：基于综合实践素养培育的"玩中学"活动阶段

学生通过"玩"来了解世界。玩，不仅有助于拓展学生的想象力和创造力，还可以培养他们坚强的毅力和互助精神。充分利用学校、家庭、社区等各种丰富的课程资源，分层分类开展创新实践活动，从中解放学生好动、爱玩、喜欢探究的天性，唤醒学生的创造潜能，鼓励学生敢于实践、勇于创新。五年的实践成果斐然，如获得第二十三届浙江省青少年科技创新大赛科学实践活动二等奖、宁波市科技体育运动会团体奖项，被授予"全国科技体育传统学校""宁波市科普示范学校"称号。

### （二）第二阶段（2013—2015）：基于学生生命成长的"学中创"探索阶段

学校将科技创新教育的核心理念归结为：更多激励、更多创意、更多实践、更多快乐。经过第一阶段的实践，学校探索了让学生在玩中学、学中创的具体实施路径，重构玩创教学的学习观、课堂观、评价观，构建面向不同学生的玩创课程。玩创教育从部分学生，到选修课的选修者、玩创社团的成员，再到全校所有学生，参与人数成倍增长。

### （三）第三阶段（2015—至今）：基于核心素养培育的"玩创融合"深化阶段

经过多年的实践，学校探索了让学生在做中学、玩中学、学中创的玩创实施路径，建立了每周至少半天的"玩创"学习机制。学校致力于让每一个广济学子都能在快乐的玩耍中体验项目化学习，鼓励他们在科学方法的引领下按照工程设计流程步骤，与团队协作解决情境中的问题，从而唤醒每个学生内在的创新潜能，为每个学生提供适切的社会性成长环境，培育学生适应未来的核心素养。

## 三、主要成果

### (一)研究的主要观点

#### 1. 以校训"广阔的视野，济世的情怀"为育人目标

广济以"广阔的视野，济世的情怀"为校训和育人目标，并将之贯穿在整个玩创教学的实施中。让学生在自主玩创中拓宽视野，拥有广博的见闻，心怀一颗"仁爱"之心。玩创课程的动力，源于教育者内心光明的良知。

#### 2. 以"玩中学，学中创"为教学实施的有效路径

"做中学"是 2001 年国家启动的科学教育改革项目的简称，国际上统称为探究式科学教育，"探究式"学习是"做中学"的核心价值。尽管这个改革已经过去了二十多年，我们依旧认为其理念很重要。基于此，"玩中学"更注重培养学生的科学精神和动手能力，从而激发学生的创新能力和创新热情，使之"学中创"。玩创过程贯穿培育学生的团队合作精神，这也是科学启蒙教育的重要形式。

#### 3. 以"每个学生都是创客"为研究信念

创新绝不是少数天才的专利。我们认为，一个会玩、会自己寻开心，甚至会带领其他学生一起玩的学生，是未来需要的人才，我们在玩创课程的动态生成和开展中实现师生完整、丰富的生命意义。我们的信念是"让学生的人格更好地生长，每个学生都是创客，生来如此"。

### (二)主要策略与实施示例

#### 1. 指向"玩创园"建设的校园人文和自然环境改造

(1)营造全息式的校园环境

我们在玩创教学核心理念的指导下，对校园进行了整体设计，以充分发挥校园文化环境对学生的影响，让学生玩得开心。广济的校园就是一个玩创园。

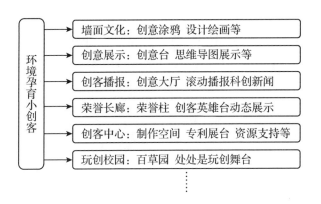

**图1 广济玩创园结构图**

(2)搭建开放化的实践平台

小太阳玩创节。培养学生积极探索、勇于创新的科学精神，让学生在活动中体验创新的快乐，增强创新实践能力。

小太阳科技运动会。培养学生的健康意识、竞争意识、责任担当意识和团队合作、交流的能力。

玩创冬令营和夏令营。开展小比特、Scratch 入门、3D 人像扫描、3D 打印、航模拼装、头脑风暴、创意点亮生活项目等，让学生在丰富多彩的活动中体验科学创新过程，感受多学科融合的乐趣。

(3)创建家校一体协作模式

通过开展"玩创实验班、玩创夏令营、玩创亲子游"等活动，形成家校合一的学习链，创建家校一体协作模式。我们将学校教育和家庭教育合二为一，使家校成为有机玩创教学整体。

玩创实验班："基于物联网的家＋图书馆项目"在学生中诞生。

玩创亲子游：学生离开校园，与父母一起走进更为广阔的大自然，去创想与实践，感受玩创的快乐！"创客项目思维导图绘制""创想链接生活"等吹响亲子游集结号；各种奇思妙想碰撞出创意的火花——智能节水提示器、小太阳义卖活动智能计币器等多个创客作品原型陆续完成。

图 2 玩创实验班活动

**2. 基于"成长共同体"理念的师资团队建设**

教师全员参与引领。玩创课程开发需要跨越不同知识体系，且关注共同要素，这就需要不同知识体系下的教师联结起来，围绕相关主题开展工作。语文科学(天气)融合课、音乐科学(声音)融合课、数学美术(图形)融合课等多种融合课程的实践与推广，形成了浓厚的教师合作氛围。

学友群互相协作。玩创课程根据学科特点、学生个体差异给予不同的发展空间，学生在各自的空间里成长并承担团队的各种职责：社团会长、副会长、观察员、协调员等，既实现了个性化学习，又实现了共享与合作。

高校、研究院的技术支持。中科院宁波信息技术应用研究院、宁波工程学院、深圳柴火创客空间，都为学校提供了从课程到技术乃至材料与设备的大力支持。广济创客中心于 2015 年全面建成，专家引领着小创客们实现了一项又一项专利作品的诞生。

家长团队的全程融入。家长从观望到参与，再到融入，家长团队与玩创课程共成长。玩创课程也因为家长的加入和支持而得到了进一步的优化。

**3. 基于"个性化"的玩创课程和"生长型"课堂范式构建**

我们从多元的角度看待玩创教学，在"个性化"的玩创教学课程基础上，搭建"生长型"玩创课堂范式。

(1)国家课程有机整合

广济全面落实国家课程，在学科课程中进行嵌入式融合，做到普及中有整合。从多年前开始的综合实践课程、信息技术课堂，到现在的学

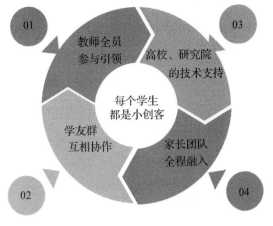

**图3 "成长共同体"师资团队**

科融合。我们努力将玩创课程通过跨学科、超边界的教学活动与国家课程无缝对接。

基础课程中，科学教师将校园百草园的中草药植物有机融入科学课的植物单元，与五年级的中医课程完美结合；音乐课上，音乐教师请来科学教师，串联声音单元。于是，身边的小物件变身为迷你小乐器；数学教师与美术教师亲密合作，将图形单元联合送出，数字与艺术相结合，课堂热情空前高涨；信息教师和美术教师合作，整合美术学科的绘画、劳技和电学知识，如《聪明漂亮的纸台灯》一课，教师把工程技术的实践应用和美术中蕴含的人文素养结合起来，既培养了学生的动手能力，又提高了他们的审美情趣。

以科学课的"气压"为主题，我们以学生创意为起点，学科拓展为基础，进行基础课程的跨界整合，探究"海拔与气压关系"。该探究涉及数学、信息技术、科学、语文知识。通过理论研究、数据分析和程序设计完成了气球实验，经过记录反思，收获属于自己的"气压"知识（见图4、图5）。

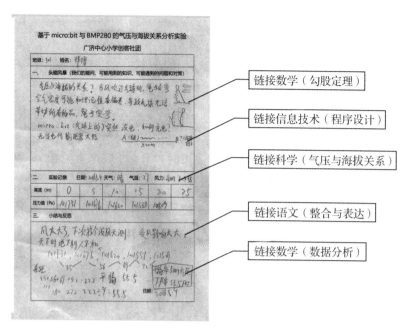

右侧标注：
链接数学（勾股定理）
链接信息技术（程序设计）
链接科学（气压与海拔关系）
链接语文（整合与表达）
链接数学（数据分析）

图 4　气压与海拔关系分析实验记录表

图 5　气球充气、观察记录

（2）拓展课程梯度设置

广济的玩创教学设置了多梯度的课程结构，使之富有包容性和张力。（见图 6）

梯度一：致力于培养全体学生科学素养的玩创普及课程

学校传统的拆装社团、航模社团、彩陶、创意美工、OM 头脑奥林匹克社团等均可被列入 STEAM 系列普及课程体系，除了这批"原生"的玩创课程之外，我们还开设了中草药特色体验课、玩创漂流课程及小太阳玩创节，通过想象探究与动手实践，玩出乐趣、玩出创意。（见图 7）

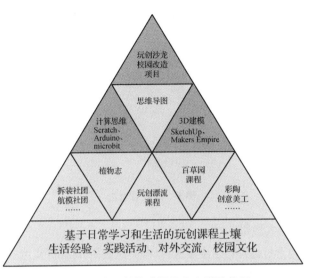

图6 广济玩创教学课程金字塔结构图

图7 广济小太阳玩创节掠影

梯度二：面向玩创达人的结构化、项目式课程

通过玩创普及课程，广济涌现出一大批对玩创活动抱有极大热情的学生。针对这些学生的需求，学校整合了各类玩创社团，使之更加结构化，旨在以项目式课程的方式，让学生进行探究式学习。

课程普及度

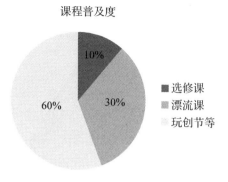

图 8　课程普及度

（3）课堂范式激励生成

我们致力于打造符合学生成长天性的"生长型"玩创课堂范式。（见图11）

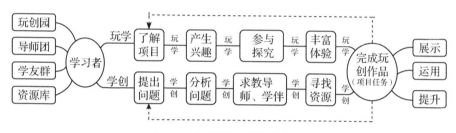

图 9　"生长型"玩创课堂范式

①问题导向式

　　学生根据自身能力选择合适的团队，分工协作探究解决和生活实际相关的科学问题，理解和掌握新知识。学校通过这样的方式使每个学生在有趣的科学探究活动中，提高科学创新能力，感受成功的快乐。下面以一次"问题导向式的科学课"为例。

　　广济中心小学坐落在美丽的5A级景区月湖边，学生对月湖的水质和鱼儿的生存环境产生了浓厚的兴趣，他们组成了"TDS水质测试"小团队，计划采集宁波市大范围内的多处水源，并选定了水质元素之一TDS，进行程序编写。他们自己制作了TDS水质分析器，并在教师和父母的带领下，分别采用四明山泉、日湖、广场喷泉等多个水源的水进行测试，然后再回到教室对数据进行分析。他们通过理论对比得出了属于自己的结论——"月湖里的水"非常适合鱼儿生长。

**图 10 多地水质测试分析**

②全方位体验式。

2017 年年初，教育部印发了新版《义务教育小学科学课程标准》，重点增加"技术与工程领域"的内容，面向小学一、二年级开设科学课程，并且倡导跨学科学习方式，建议教师可以在教学实践中尝试 STEAM 教育。

我们开设了全方位体验式的玩创课堂。以一年级的科学课《种子带我去旅行》为例(见图 13)，从科学课延伸至语文、美术、音乐课，写植物日记，作植物绘画，制作生长小视频，办阶段成果沙龙等，让学生在全方位体验中发现身边事物的精彩，收获成功的快乐！

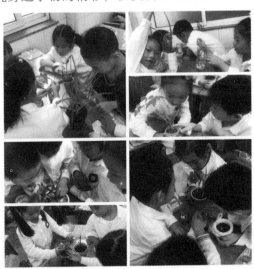

**图 11 "种子带我去旅行"实践活动**

③情境思维导图式。

以STEAM教育中的创客作品"云上的文明桶"为例(见图12、图13)。

图12 "云上的文明桶"思维导图　　图13 "云上的文明桶"最终成品

为了督促广济学子们养成文明用餐、节约粮食的习惯,创客社团成立了"云上的文明桶"开发项目:每天对班级的剩菜剩饭测重,衡量食物浪费的多少。小创客们发挥自身的创造力,运用学到的科学知识,设计、制作"云上的文明桶"的思维导图,最终解决了生活情境中的实际问题,使自己从单纯的学习者变为知识的运用者和创造者。

(4)项目设置基于问题

①开发生活化的项目式玩创活动。

学校组织开发生活化的项目式玩创活动(见图14),并将开发过程记录下来形成校本教材。我们将项目式玩创教学的建设理念融入校园生活,希望通过学生将创意应用于校园,改变校园,使他们的创新精神"从小处开始,从大处成长"。

随后一系列生活化的创客转化项目,如渗透德育的环境噪声智能提示器、助力学校体育的运动会光电感应计时器、添彩校园活动的S4A抢答器、维护校园生态的智能滴灌器等三十多个创新项目分别获得国家专利、软件著作权、市级一等奖。广济创客教育团队还受到了时任教育部部长

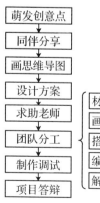

图14 生活化的项目式玩创活动流程

袁贵仁的亲切接见(见图 15、图 16、图 17)。

**图 15　时任教育部部长袁贵仁亲切接见广济玩创团队**

**图 16　广济玩创团队参加各级各类比赛**

**图 17　广济玩创团队所获各级各类奖项**

②开展普及型的项目式选修活动。

广济有着浓厚的科技教育文化底蕴，学生的动手能力普遍较强，因此我们在开发生活化项目式玩创活动的同时，开展普及型的项目式选修活动，进一步提升学生的核心素养。

**4. 基于"成长进阶式"的玩创评价机制研究**

广济以学生的创新能力和人文精神(表达、协作、沟通和团队领导力等)为评价双主线。以教师、家长、学生、社区工作人员等为多元评价主体，建设广济玩创课程评价共同体。

(1)在学科教学中进行进阶式评价

目前，广济的玩创课程与多学科进行了有机整合，以玩创教育视野进行遴选、整合语文、美术、科学、信息等相关课程，融入对创客教育

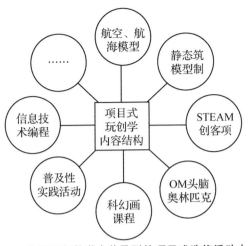

**图 18 广济玩创教学中普及型的项目式选修活动内容**

特有元素，在小太阳七彩阳光成长手册中植入"玩创 5＋1"评价指标。其中 5 个元素与基础课程融合(玩创教研组认证)，1 个元素作为自主发展，体现个体能力(经过教师、同学、家长认证)。

一到六年级进行进阶式评价，兼顾评价内容的一般性与玩创教育的独特性，以期对学生创新能力进行科学、客观的评价(见图 19)。

| 一年级 | 必达项 | 1.我会撰写植物成长日记<br>2.我会饲养一种小动物并能记录下它的成长过程<br>3.我会根据主题创作科幻画（美术组认证） | 四年级 | 必达项 | 1.我能设计、操作并记录一项实验<br>2.我能看两本科技类或有关科学家传记的书籍，完成两篇读后感<br>3.完成一个具备交互功能的积木式编程作品 |
| | 选达项 | 4.我参加了学校的创客项目并在团队中获得认可<br>5.我在班级及以上科技比赛中获奖 | | 选达项 | 4.参加区级以上信息学<br>5.我参加了学校的创客项目并在团队中获得认可 |
| 二年级 | 必达项 | 1.观看科技类或科幻电影，并能完成一篇观后感<br>2.能够用电池和灯珠连接电路（串联）<br>3.展示一个源于生活的创新点子（图文）<br>4.能用模块化编程软件完成一个简单作品 | 五年级 | 必达项 | 1.我能撰写科学小论文并能在班级以上场合发表<br>2.学会用PPT表达和展示自己的创新想法<br>3.完成一个创新作品 |
| | 选达项 | 5.学会声音录制 | | 选达项 | 4.我能区级以上信息学竞赛并获奖<br>5.我参加了学校的创客项目并在团队中获得认可 |
| 三年级 | 必达项 | 1.我会撰写植物成长日记<br>2.我会饲养一种小动物并能记录下它的成长过程<br>3.我会根据主题创作科幻画（美术组认证） | 六年级 | 必达项 | 1.我能撰写科学小论文并能在班级以上场合发表<br>2.学会视频的编辑，并以此作为展示媒介<br>3.完成一个创新作品 |
| | 选达项 | 4.我参加了学校的创客项目并在团队中获得认可<br>5.我在班级及以上科技比赛中获奖 | | 选达项 | 4.参加区级以上信息学竞赛并获奖<br>5.我参加了学校的创客项目并在团队中获得认可 |

**图 19 进阶式评价**

团队社团课程和项目式课程中，也进一步建立了具有广济玩创教学特色的玩创星级评价机制(见图 20)。

| 7星少年 | 有经过实践检验的作品并有相应的创客技术专利（获得市级竞赛一等奖或市级以上奖项同于7星少年。由校长颁发创客勋章，勋章（太阳形）等同于校级阳光少年的荣誉） |
|---|---|
| 6星少年 | 有自己的作品，邀请同学一起参与、调试。尝试申请自己的创客专利（获得市级竞赛二等奖于6星少年由校长颁发创客勋章，勋章（星形）等同于校级星光少年的荣誉） |
| 5星少年 | 有自己的作品，并向大家介绍自己作品的使用方法（获得区级竞赛一等奖或市三等奖同于5星少年） |
| 4星少年 | 能按照图文介绍作品，自己尝试着动手做一做（获得区级竞赛二、三等奖于4星少年） |
| 3星少年 | 能把创意点子用图文方式详细地记录下来 |
| 2星少年 | 向全体同学介绍自己的创意点子 |
| 1星少年 | 向好友讲述介绍自己的创意点子 |

**图 20　玩创星级评价机制**

广济在学校哲英奖学金中单独设立玩创勋章（2017 年由陈敏春先生专门捐赠 100 万），助推广济"玩创之星"。（见图 21）

**图 21　陈敏春先生莅临哲英奖学金"玩创勋章"颁奖典礼**

（2）在普及活动中开放多元化评价

根据玩创教学的内容，广济每年都会开展玩创活动，如小太阳玩创节、玩创大厅的创客体验场、小太阳广播玩创节目、"创客达人"演讲台以及由信息教师主持的校园网玩创互动栏目等。这些玩创活动集趣味性、互动性、自主性一体，全方位满足学生需求，使学生自身的创新能力不断地自我完善、自我发展！

在活动中适当邀请家长、同学、社区人员参加评价。不同评价主体会给评价带来更多的参考意见，可使学生全面、深入地认识自己的活动表现，起到激励和促进作用。（见图 22）

教育的底色

图 22　广济多元化玩创评价

**5. 建设"科创与人文并举"的玩创教学文化**

作为一所有着五十多年历史的学校，广济有着浓浓的人文气息，有着注重个性成长、呵护学生天性的校园风格与传统，有着开放、宽松的教育氛围，有着一群充满仁爱和创新精神的教师。

广济以"真诚、明善、健行"等人生底色作为学校基础教育的课程目标，打造了广济底色课程——"七彩阳光选修课程体系"（见图23）。

图 23　广济底色课程群

广济玩创教学形成了"以生为本，向善向上"的文化，并体现了以下育人观。

(1)"与人为善"的育人观

人性皆善，教育的要义是立德树人。玩创教学更应该包含人文精神的培养。譬如，广济创客社团"智能酒驾劝阻装置"的发明人，因为父亲的朋友酒后驾驶造成的悲剧，立志要做一个劝阻酒驾的创客作品，在不断的努力下，终于成功做出了成品。该作品折射出对生命的关怀和人文情怀，获得了宁波市创客大赛一等奖。(见图24)

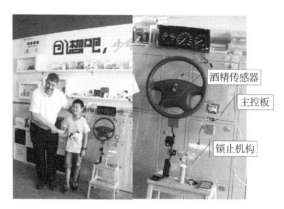

**图24　智能酒驾劝阻装置及其发明人**

(2)"以生为本"的课程观

玩是学生的天性，他们参与玩创课程，最理想的方式是"玩中学，学中创"。

(3)"融合共生"的校园观

广济的校园是学生的创想园，是灵感萌发的资源宝库，是团队协作的玩创基地，是玩创作品的展示舞台。在融合共生的校园里，学生尽情释放天性，创新无极限。

**图25　各级各类玩创展示活动**

教育的底色

（4）"协作创新"的项目观

对学生来说，创新的过程，就是综合运用跨学科、跨领域的知识，解决生活问题的过程。众人拾柴火焰高，广济的玩创团队有人出创意，有人做方案，有人编程序，有人搭模型，有人做介绍……团队智慧让创意项目成果显著。

**图 26 食堂测音提示系统**

（5）"个性多元"的评价观

广济从学生的年龄特点及成长的自然规律出发，关注学生探究实践的过程。我们始终坚信每个学生都是小创客，都能通过自身的努力找到合适的学习方式。

### 三、研究的成效

#### （一）实践类成效

**1. 学生创新意识逐渐增强，科创能力日渐成长**

（1）培养学习习惯，促进思维品质

玩创教学之下，广济学子充分发挥了主体作用，养成了良好的学习习惯。2018 年 5 月，我们在广济中心小学的广济街、世纪苑两个校区，随机抽取了不同学生，就意识习惯、思维品质、合作能力、情感态度四大方面，进行了调查，同时也在刚并入广济教育集团的 A 小学，进行了相同形式的问卷调查（见表1）。

**表1 广济中心小学学习过程评价表**

注：此调查为匿名调查，请在适合的地方打钩。A 表示很符合，B 表示比较符合，C 表示基本符合，D 表示不太符合。

| 评价要素 | 评价标准 | 自我评价 | | | | 家长评价 | | | |
|---|---|---|---|---|---|---|---|---|---|
| | | A | B | C | D | A | B | C | D |
| 意识习惯 | 1. 积极主动参与学习 | | | | | | | | |
| | 2. 按时完成学习任务 | | | | | | | | |
| | 3. 对科学、创客、航模等课程的学习兴趣浓厚 | | | | | | | | |
| 思维品质 | 4. 积极思考，能提出解决方法 | | | | | | | | |
| | 5. 思维活跃，反应敏捷 | | | | | | | | |
| | 6. 思维独特，有独创性 | | | | | | | | |
| | 7. 思维灵活，能变通 | | | | | | | | |
| 合作能力 | 8. 愿意与同学共同学习，共享学习资源 | | | | | | | | |
| | 9. 乐意帮助同学 | | | | | | | | |
| | 10. 小组学习中能主动承担任务，有执行力 | | | | | | | | |
| 情感态度 | 11. 能意识到自己学习中的优缺点 | | | | | | | | |
| | 12. 能辨别学习环境中的是非对错 | | | | | | | | |

下方柱形图将广济中心小学与 A 小学在意识习惯、思维品质、合作能力、情感态度四方面进行了数据对比。

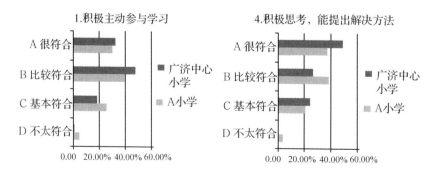

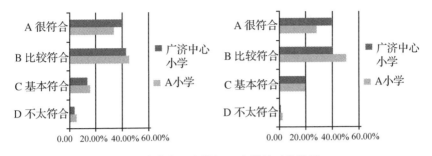

图 27 广济中心小学与 A 小学的对比数据

调查显示,广济学生在积极主动参与学习方面,所占比重更大,他们勇于实践与创新,思维灵活,并且更能辨别学习环境中的是非对错,具有小组合作精神,意识习惯和思维品质较对比样本有一定优势。

(2)提高研究水平,收获创新成果

广济学子在玩创教学中,创新意识、科学探究等方面的能力显著提高,形成了较强的学习能力和竞争力,取得了骄人成绩。自 2013 年到 2018 年,从前期综合实践活动,到玩创课程的正式开启,广济学子的探究、创新能力逐年提高,参加各类竞赛也获得了各项大奖,尤其近两年来,成果累累,如获得全国中小学机器人教学活动一等奖,浙江省青少年科技创新大赛一等奖;创客作品荣获国家实用新型专利、软件著作权证书等。(见表 2)

表 2 近年来广济所获奖项

| 时间(年) | 2008—2014 | 2015 | 2016 | 2017—2018 |
|---|---|---|---|---|
| 国家实用新型专利、软件著作权及市级以上奖项 | 1 项 | 4 项 | 15 项 | 21 项 |

### 2. 教学理念不断更新,教学能力快速提升

在玩创教学的实践中,开发玩创课程,研发教材并予以实施,制定个性多元的评价制度。

(1)成立"玩创教研组"

在开展玩创教学的过程中,广济开发性地成立了"玩创教研组",使

教师的专业素养得到提升，已形成宁波市海曙区首屈一指的玩创师资团队。科学、信息技术教研团队拥有四名高级教师、七名市级教坛新秀、一名浙江省模型运动先进个人，"玩创"教学师资力量雄厚。

（2）开展"玩创"教研活动

围绕玩创教学课程，我们开展了各类教研活动，并取得了丰硕的成绩。《中国教师报》《中国体育报》《中小学信息技术教育》刊登了我校玩创教育的论文，《浙江日报》《宁波日报》《宁波晚报》《东南商报》纷纷报道广济玩创教育系列活动。

**3. 学校玩创特色日益显著，带动整体可持续发展**

从只面向部分学生，到选修课的选修者、玩创社团的成员，再到全校所有学生，玩创教学参与人数成倍增长。

回望广济玩创教学之路，学校获得的荣誉如下。

（1）综合荣誉

2008年以来，广济启动了基于综合实践素养培育的科技活动。2012年，中国科学院院长路甬祥授予广济"全国首批科技体育传统学校"称号。2015年，学校创客教育团队受到时任教育部袁贵仁部长的接见，各类课程案例被《中国教育报》《浙江日报》等媒体报道。近十年来，广济获得了众多奖项，玩创教学硕果累累。

（2）课题立项、获奖

《广济底色　快乐成长——小学选择性校本课程开发的实践研究》获2016年度宁波市教育科研优秀成果二等奖。

《玩中学　学中创——小学"生长型"玩创启蒙教学实践研究》立项为浙江省教育科学重点课题，获2017年度宁波市教育科研优秀成果一等奖。

《玩中学　学中创——小学"生长型"玩创启蒙教学实践研究》获宁波市教育教学突出成果(基础教育类)一等奖。

**（二）理论性成效**

**1. 架构玩创教学课程梯度**

（1）成立玩创课程开发小组

玩创课程开发小组的成员有校长、教师、学生、家长以及与课程相关的义工，大学共同参与课程规划、设计、实施与评价。

(2)形成玩创教学的核心理念

广济玩创教学的核心理念是：更多快乐、更多实践、更多创意。

每个学生的心里，都住着一个小创客。"生长型"的玩创教育，重在激励、鼓舞和唤醒。

(3)设置玩创课程结构、编制校本教材、撰写教学案例

### 2. 构建玩创教学课堂范式

广济的玩创教学是为了唤醒学生的创新潜能，培养学生的创新意识和实践能力，提高他们的科学素养，因此我们致力于打造"生长型"的玩创课堂范式。

### 3. 形成玩创教学活动样态

广济玩创教学的目的就是让学生能开心地玩，在玩中学、学中创。经过长期的实践，逐步形成与全体学生相联系的项目式活动样态。

### 4. 创生玩创教学评价机制

对于玩创教学，学校需要建立相对应的管理和评价制度，保证课程开发和实施的质量。

### 5. 形成积极向上的玩创文化

在实施玩创教学过程中，广济逐渐形成了"以生为本，向善向上"的玩创教学文化，包括"与人为善"的育人观、"以生为本"的课程观、"融合共生"的校园观、"协作创新"的项目观及"个性多元"的评价观等。

## (三)媒体报道、交流

广济秉持"分享"这一重要的玩创精神，将玩创教育的立足点建立在全区化的高度上，并将玩创教育的经验推广至松阳、延安以及长三角的结对学校，甚至远在新西兰奥克兰市的圣玛丽学校也受到了广济玩创教育的启发与影响。

## 四、反思与展望

经过多年的摸索和积累，广济的玩创教学已为学生搭建起全面发展和个性发展的大舞台，学生的综合能力与核心素养不断提高。但是问题与成果并存。

问题一：全校还有 5% 的学生没有很好地融入现有的玩创课程。

问题二：玩创教学内容的宽度、广度和深度还有待进一步地拓展和

深入。

问题三：在开发学生心智和提升综合素养的相关性研究方面，玩创教学有待跟进。

在今后的研究中，广济课题组将把工作重心落实到开发更多不同的玩创课程上，使玩创课程更好地融合不同学科内容，使之成为其他学科教学的资源，也使更多的学生从中找到喜欢的课程，促进学生整体可持续化发展，帮助每个学生找到自己的生命价值，从事喜欢的事情。

# 后 记

《教育的底色》书稿，断断续续写了两年。说来惭愧，名曰"书稿"，其实只是学校管理工作的经验总结。回顾二十多年来的基层教育工作实践，有快乐，有遗憾，也有珍惜和感谢。完成撰写、校对后，有几点感受从心中流淌出来。记录下来，当作后记。

首先是感激。对于一个基层教育工作者来说，要撰写一本书稿是有难度的，更何况自己学问粗浅，无论是眼界学识，还是实践经验都非常有限。所幸，自己在学习、工作、生活中，一直以来都得到诸多师友、长辈和领导的无私关爱，在此致以诚挚的敬意和衷心的感谢：感谢江老师多年来的无私教导，带领我逐步走上一条修养身心、修己安人的大道。修身功夫，是生活、学习和工作的基础，也是本书一以贯之的主线，底色教育中"身心为本""身教为先""健行为要"等要点，都是从实践体验而得；感谢南京师范大学张新平教授，宁波教育学院黄和林博士、袁玲俊院长，宁波市教育局李丽、林小云等老师，正是有了他们的指点、鼓励和支持，我才有了撰写并完成书稿的勇气；感谢工作以来一直给予我指导提携的戚昆仑校长、励汾水老师、徐晓鸣老师、鲍维安校长等，是他们带领我走上教学和管理岗位，给予我无私指点；感谢给予我谆谆教导的徐蓓春、黄士甄、鲁焕清、俞冬伟、陈宁军、王飞、叶继奋、邱伟、洪亚敏等老师；感谢何伟强、汪培新、罗子羽、柱子等学友一直以来的无私引荐和指点；感谢张曙光、陈开河、施光辉、王彬等学友几年来一起读书锻炼，互相学习，共同探索身心修养之路；最后，非常感谢一直以来给予关心指导的教育局领导，一起工作的同事们，给予大力支持的北京师范大学出版社冯老师，还有广济中心小学、宁波市实验小学的广大学生和一起参与晨读经典的学生，正是有了他们的支持和参与，才有了我粗浅的经验总结。

其次是珍惜。能够得到读经典的机会，探索生命的意义，是幸运的；能够健康、顺利工作，践行身心的学问，是快乐的；能够得到众多学生、同事、朋友和家长的信任，一起开发内心的光明，尝试解决各自身心、事业的问题，是值得珍惜的。往事依依，很多动人的画面常常跃动在眼前，温暖在心里，砥砺前行。每当晨曦微露，无论风霜雨雪，经典读书会的学友和学生便起床，洗漱完毕，端身正坐，捧起经典开始晨读，心到、眼到、口到、日日用功、天天坚持、口诵心惟、磨砺心性；每当太阳初升，诸多志同道合的学友开始晨练，康强体魄，磨砺心灵，开发蓬勃向上的生命力；每当阳光照进校园，诸多学子走进教室后的第一件事，便是晨读，晨读是校园最美的风景；同事之间精诚合作、和合增上，认真探讨管理问题，用心钻研教学业务，真心关爱学生成长，正人心、举贤才、明赏罚，管理之道，以正人心为要，人心正了，内心通了，无事不办；上课期间，师生真诚相待，互相学习，坦诚对话，不懂就问，全神贯注，多么美好；午餐期间，与学生围坐在一起，互相关心、真诚交流，同做义工，服务他人，师生同甘共苦，真乐由心生发……真正的实践，是从坚持探索中体验而得，珍惜机会，踏实用功。

最后是惭愧和奋进。身为一名教师和校长，什么样的工作才算有意义？修养自己，利益他人，为学生的终身发展打下美好的身心底色，养成终身受用的习惯，是我内心的真挚愿望。修己安人的学问，是从踏实的实践中探索出来的，自己、家人和朋友真正受用了，才能有信心推己及人、利益他人，所谓"其身正，不令而行"。惭愧的是，工作多年后才接触身心修养的学问，才跟着老师学习，慢慢与同事和朋友一起尝试，努力将经典运用到生活中。本书的探索才起步，需要努力的地方很多，教育探索需要终身坚持。由于水平限制，晨读、晨练等探索还非常粗浅，我常因帮不到更多学生而惭愧，常为不够深入带动学生、家长和同事而愧疚。值得欣慰的是，踏实用功，珍惜当下，与他们一起读书、劳动、运动、用餐、做义工，一起了解、观察、探究、发现，把学生的苦恼当作自己的问题，把学生的成长喜悦当成比自己进步还值得高兴的事……生命的意义，在修己安人的实践中。

愿终身行之。

黄铁成

2021 年 10 月